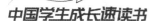

中国学生成长速读书

总策划／邢涛　主编／龚勋

资治通鉴

中的大道理

汕头大学出版社

资治通鉴中的大道理
GREAT WAYS OUT OF THE REFLECTION FOR
REFERENCE OF RULES

FOREWORD

前言

  《资治通鉴》是一部编年体史学巨著，由北宋杰出的史学家司马光历时十九年主持编撰而成。全书九十四卷，记载了始于战国周威烈王二十三年（公元前403年），终于后周显德六年（公元959年），共一千三百六十二年的历史。通鉴初完稿时，宋神宗读后如获至宝，取意"鉴于往事，有资于治道"，而亲赐书名《资治通鉴》。应该说，《资治通鉴》通古今之变，考评前世之兴衰得失，思想内容博大精深，是集合我国古代智慧和谋略的宝库。

  本书从《资治通鉴》原本中精心节选、总结出了七十七个相关故事或事件，以历史事件发生的大致时间为顺序，结合历史上知名的战争、变乱、改革、朝代更替，对所涉事件中的法令、制度、谋略、用人、处世以及人物德行，用严谨而不失生动的语言，配以精美的手绘图，进行讲述，把古人的治国之道、用人之术、战略计谋、待人处世的原则一一展示给广大读者。每个故事或事件，如孙膑用计击败庞涓、赵括纸上谈兵丧身误国、项羽破釜沉舟大败秦军、梁武帝迷信佛法出家为僧、郭子仪单骑说退回纥、后唐庄宗宠信伶人身死等，都折射出了一定的道理。我们还特别在每个故事或者事件的结尾增加了"道理解读"版块，以帮助读者获得更多的收益。

  我们相信，广大读者读这本书时，会对历史有深入的了解，会领略历代巨擘的风范，从中学习到更多的道理。

资治通鉴中的大道理

GREAT WAYS OUT OF THE REFLECTION FOR REFERENCE OF RULES

目录
CONTENTS

周纪
三家分晋 6

邹忌相齐 8

商鞅变法 10

孙膑减灶杀庞涓 12

赵武灵王胡服骑射 14

孟尝君逃离秦国 16

乐毅攻齐 18

蔺相如完璧归赵 20

秦纪
荆轲刺秦王 22

秦统一六国 24

赵高指鹿为马 26

项羽破釜沉舟 28

汉纪
鸿门宴 30

楚霸王四面楚歌 32

常胜将军韩信 34

高祖白登山之围 36

叔孙通制礼仪 38

诸吕之乱 40

飞将军李广守边 42

霍光辅政 44

昭君出塞 46

王莽篡汉 48

马援择君 50

光武中兴 52

十常侍之乱 54

王允计除董卓 56

挟天子以令诸侯 58

官渡之战败袁绍 60

三顾茅庐 62

赤壁之战 64

关羽大意失荆州 66

魏纪
陆逊火烧连营 68

诸葛亮挥泪斩马谡 70

鞠躬尽瘁，死而后已 72

晋纪
三国归晋 74

羊祜以德服人 76

士大夫清谈误国 78

八王之乱 80

司马睿建立东晋 82

祖逖闻鸡起舞 84

淝水之战 86

东晋门阀 88

资治通鉴中的大道理

GREAT WAYS OUT OF THE REFLECTION FOR REFERENCE OF RULES

目录
CONTENTS

宋纪

刘裕篡位建宋 90

孝武帝自毁长城 92

齐纪

北魏孝文帝迁都 94

梁纪

梁武帝出家当和尚 96

尔朱荣之乱 98

韦孝宽坚守玉壁城 100

侯景之乱 102

陈纪

陈后主骄奢亡国 104

隋纪

隋文帝统一天下 106

隋炀帝修大运河 108

李渊起兵 110

唐纪

李世民扫平四海 112

玄武门之变 114

贞观之治 116

女皇帝武则天 118

开元盛世 120

安史之乱 122

张巡死守睢阳 124

郭子仪单骑退回纥 126

德宗孝义寻母 128

杨炎实行两税法 130

颜真卿宁死不屈 132

李愬雪夜入蔡州 134

甘露之变 136

王仙芝黄巢起义 138

吕用之装神弄鬼 140

后梁纪

朱全忠不忠 142

耶律阿保机建国 144

后唐纪

王彦章不事二主 146

唐庄宗宠伶丧身 148

钱镠经营吴越 150

后晋纪

石敬瑭甘当儿皇帝 152

后汉纪

刘知远坐山观虎斗 154

后周纪

柴荣高平退汉 156

周世宗灭佛 158

周纪

三家分晋

春秋末年，各诸侯国的奴隶因受不了国君的压迫，纷纷逃到大夫的封地去做佃农。这样，大夫的势力越来越大。在晋国，智瑶、赵襄子、魏桓子、韩康子这四个大夫拥有大量土地和佃农，势力十分强大，几乎架空了晋国国君。

四个晋大夫中，又以智瑶为人贪婪，势力最大。他蛮横地向韩、魏两家索要土地，韩康子和魏桓子因为势力较弱，只好接受了手下谋臣的建议，暂时忍让，给了他土地。

接着，智瑶又向赵襄子要地，赵襄子不给。智瑶勃然大怒，率韩、魏两家进攻赵襄子。赵襄子打不过，就躲进了晋阳（今山西太原西南）城。智瑶等三家包围晋阳后，放水灌城。大水浸泡之下，晋阳的百姓仍一心守城，智瑶一时不能攻下。

一天，智瑶和韩康子、魏桓子观察水势。智瑶得意地说："我现在才知道水还能灭亡一个国家。"听了这话，魏桓子和韩康子互相碰了碰对方，因为他们心里明白：汾水可以灌魏家的安邑，绛水可以灌韩家的平阳。智瑶的家臣缔疵对智瑶说："韩、魏两家必反。如今主公率韩、魏两家之兵攻赵，赵亡之后，战祸必然轮到韩、魏两家了。现在晋阳马上就要攻破了，而韩康子和魏桓子都面有忧色。这不是要造反，还能是其他什么原因呢？"自大的智瑶根本不相信缔疵的话。缔疵为了避祸，就借机逃到了齐国。

整个晋阳城被水泡了起来，城里的老百姓被迫到房顶上居住做饭。

一天夜里，赵襄子派家臣张孟谈偷偷出晋阳城，会见了魏桓子和韩康子，对他们二人说："俗话说：'唇亡齿寒。'如今智瑶率韩、魏两家攻打赵家，如果赵家灭亡了，接着便是韩、魏两家了。我们应该共同对付智瑶才是，而且计划要周密。"魏桓子和韩康子开始时有些担心，听了这话，便同张孟谈约期举事，然后打发他回城去了。

随后，赵襄子派兵趁黑夜杀了智瑶安排的守堤士兵，将堤掘开，让河水灌入智瑶大营，智瑶营中顿时大乱。赵襄子趁机从正面攻入智瑶大营，韩、魏两家则从两翼包抄过去。不多时，智瑶便兵败被杀了。赵襄子和魏桓子、韩康子三家灭绝了智氏家族的其他人，把智瑶的地和人都分了。随即，智瑶的家臣豫让漆身涂炭，想借机杀死赵襄子报仇，未果后自杀。不久，三家又想平分晋国了。

周考王三年（公元前438年），晋哀公去世，晋幽公即位。晋幽公软弱无能，赵襄子、魏桓子和韩康子见时机已到，便将晋国平分了，只给晋幽公留下绛州和曲沃两座城池。周威烈王元年（公元前425年），赵襄子、魏桓子和韩康子都去世了，他们的继承人赵籍、魏斯和韩虔野心更大，已经不满足大夫的地位，想要做诸侯了。

周威烈王二十三年（公元前403

赵襄子派兵将堤掘开，河水迅速冲进了智瑶大营。

年），赵籍、魏斯和韩虔分别派使者去拜见周天子，要求封他们为诸侯。周威烈王心里想，这三个大夫兵强马壮，我不封他们为诸侯，他们也会自封为诸侯的，还不如顺水推舟，送个人情。于是，他封赵籍为赵侯，魏斯为魏侯，韩虔为韩侯。之后，各诸侯国纷纷向三人贺喜。至此，从原来的晋国中便诞生了三个新的国家，分别称为赵国、魏国、韩国。

周安王二十六年（公元前376年），到了晋幽公的孙子晋靖公在位的时候，赵、魏、韩的国君又将晋靖公废了，把他仅有的那一点土地也给分了。

🐌 道理解读 🐌

智瑶虽然强大，但不讲究策略，过于蛮干，也听不进部下的忠谏，最后自取灭亡。赵襄子合理地利用了四家之间的利害关系，团结韩、魏灭了智瑶。地方势力坐大，中央政权衰微，所以晋国最终落个被瓜分的下场。

| 周 纪 |

邹忌相齐

周安王十六年（公元前386年），齐大夫田和做了齐国的国君。两年后，田和将王位传给了他的孙子齐威王。齐威王即位后，喜欢打猎喝酒，将朝政都交给大臣去处理。一晃九年过去了，齐国内政混乱，百姓生活越来越苦。这时，外国也趁机入侵，齐国连吃败仗。

齐国有个贤士叫邹忌，他不但满腹经纶，而且琴也弹得极好。他见齐国一天天衰弱下去，心里很着急。他知道齐威王爱听琴，便特地带着一把琴去求见。齐威王听说来了一位琴师，下令立即接见。邹忌见了齐王之后，调好弦，做出要弹的样子，但手指放在琴弦上却一动

也不动。齐威王感到奇怪，问道："先生为何坐而不弹？"邹忌回答说："大王，小民不但会弹琴，而且还知道弹琴的道理。"齐威王表示惊讶。邹忌接着解释说："弹琴的节奏和治国安民的道理是一样的。国君好比是琴上的大弦，要像春天一样温暖；辅臣好比琴上的小弦，要像潭水一样清廉。弹琴时大弦和小弦要互相协调，和而不乱，这样曲子才好听。所以，治国和弹琴的道理是一样的。"齐威王天资很高，听了这话，猛然醒悟，便留下邹忌，和他谈论国家大事。邹忌说："要想治理好国家，关键在于国

齐威王在即位的最初几年里，喜欢吃喝玩乐，几乎从不理会朝政。

邹忌借弹琴之道讽谏，齐威王开始有所感悟，决定用心治国。

君和辅臣在执行政令时，要像四时运转一样协调。"齐威王很欣赏邹忌的见解，就任命他为相，让他整顿朝政，改革政治。此后，齐国国政开始逐渐好转。

邹忌身高八尺多，仪表堂堂。有一天早上，他照了镜子后，问周围的人："我跟城北的徐公比，谁更漂亮？"妻子、妾和客人都说邹忌更漂亮。徐公来了之后，邹忌发现自己其实不如他漂亮。反复考虑这件事，他终于明白："妻子赞美我，是因为偏爱我；妾赞美我，是因为害怕我；客人赞美我，是有求于我。"于是，邹忌上朝廷去见齐威王，说："我不如徐公漂亮。可是，妻子偏爱我，妾怕我，客人有事想求我，都说我比徐公漂亮。如今齐国国土辽阔，臣民众多，王后、王妃和左右的侍从没有不偏爱大王的，朝廷上的臣子没有不害怕大王的，全国的人没有不想求得大王恩遇的。由此看来，您受的蒙蔽一定非常多。"齐威王说："你分析得好！"于是就下了一道命令："无论是谁，能够当面指责国君过错的，得头等奖赏；书面规劝国君的，得二等奖赏；在公共场所评论国君过错而让国君听到的，得三等奖赏。"命令刚下达，许多大臣都来进言规劝，以至于宫门口和院子里像闹市；几个月后，偶尔才有人进言规劝；一年以后，有人即使想规劝，也没有什么可说的了。其他小国听说了这件事，都赶紧派使臣到齐国来朝拜表示敬服。

邹忌为相，要负责百官和地方官的任免。他曾问主管大臣地方官的政绩，主管大臣回答说："政绩最好的是阿城大夫，最差的是即墨大夫。"邹忌将这话告诉了齐威王。齐威王询问身边的人，身边的人也一直如此回答。齐威王怕受蒙蔽，暗地里派人到地方上去调查，发现事实真相正好相反，便烹杀了阿城大夫，提拔了即墨大夫。这事传出后，地方官再也不敢贪污、玩忽职守了。

邹忌和齐威王齐心合力，君臣像琴弦一样和谐，将国家治理得井井有条，齐国越来越强大。

◆ 道理解读 ◆

忠言不一定逆耳，关键要看说话的策略和方式。细小的事情中可以折射出大的治国道理。上下和谐，才能保证整个团体的流畅运转。凡事多一些自己的分析，不能盲目接受他人的意见，以免被蒙蔽。

|周 纪|
商鞅变法

商鞅，原名公孙鞅，是卫国国君庶出的后裔，因为后来被封在商地，所以又称商鞅。商鞅从小爱好刑名之学，主张以法治国。

商鞅长大成人后，到了魏国，在魏相公叔痤门下做事。公叔痤发现商鞅很有才能，曾向魏王推荐他，并说："如果您不重用他，就把他杀掉，不要让他到别国去。"魏王听了却不以为然。

周显王七年（公元前362年），秦献公去世，儿子孝公即位。当时，黄河、崤山以东有六个强国，其他还有十多个小国。这些国家都把秦国当夷狄看

待，不让它参加诸侯的会盟。孝公即位后，布德修政，发奋图强，下令说："无论是宾客，还是群臣，只要是能使秦国强大的，我就让他做高官，并封给他土地。"商鞅听到这个消息后，便来到了秦国。

商鞅到秦国后，求见秦孝公，向他讲述富国强兵的办法。秦孝公听了，十分高兴，留商鞅一起商议国家大事。商鞅想实行变法，但秦国的贵族都不赞同。经过激烈的争论，秦孝公最终同意了变法的主张，任命商鞅为左庶长，让他主持变法。新法规定：百姓按五家一伍、十家

商鞅向秦孝公讲述富国强兵的办法，
秦孝公听了十分高兴。

一什组织起来，互相监督，有事揭发，一家犯法，几家连坐；告发奸谋的人与斩敌人首级得到同样的赏赐，隐匿不告发与投降敌人受到同样的处罚；立下军功的人，各按标准受到封赏；私下械斗的人，各视情节处相应的惩罚；努力做好本职工作，辛勤耕织而使粮食布匹增产的，可免除徭役；经商以及因懒惰而贫穷的，全家族罚作奴婢；就算是宗室出身，若没有立下值得称道的军功，也不能够录入族谱；为了使不同爵位的差别更为明显，不同等级的人，用不同的名号称呼他们的田宅、臣妾和服饰；有功劳的人表彰他们的功劳，没有功劳的人再富有也不能显示荣耀。

法令制定完毕后，在正式公布之前，商鞅怕百姓不信任，就在国都的南门立了一根三丈高的木头，悬赏十金，征求能将它搬到北门的人。大家都觉得奇怪，没有人敢上去搬。商鞅又下令："能做到的赏五十金。"有一个人抱着试试看的心理，就走上去把木头搬到北门，结果真的得到了五十金赏钱。商鞅就用这个方式，来向百姓表示自己赏罚必行，然后才正式发布变法的法令。

新法施行了一年，秦国百姓到国都上访抱怨，说新法不好的有几千人。这时候太子触犯了法令，商鞅说："法令不能推行，正是因为上层人士带头触犯的缘故。太子是国君的继承人，不能施加刑罚，但太子的老师公子虔和公孙贾因为管教不力，必须处罚。"这样一来，秦国就没有人敢不遵从新法了。新法施行十年后，秦国道不拾遗，山林之中也没有强盗，乡村城市安定繁荣。秦国百姓当初抱怨说新法不好的，又来夸奖新法好。商鞅说："这些都是扰乱法治的奸民！"就把他们全部流放到边疆。从此以后，百姓再也不敢私下议论新法。

此后，秦国日益强大起来，商鞅也因功被封在商地，被人尊称为商君。但是商鞅变法的措施太过苛刻，自己又不积德政，不仅得罪了旧势力，也失去了许多人的支持。秦孝公死后，商鞅全家被杀死，商鞅也被车裂分尸。

商鞅通过南门立木，赢得了人们的信任，新法推行起来也就顺利多了。

|周 纪|
孙膑减灶杀庞涓

孙膑和庞涓曾经在一起学习兵法，庞涓的学业不及孙膑。后来庞涓先出来做官，做到了魏国的将军。庞涓自知不如孙膑，担心孙膑以后会超过自己，便将他骗到魏国，诬陷他，砍去了他的双脚，还在他额头上刺了字，想让他一辈子得不到赏识和重用。后来，齐国的使者出使魏国。孙膑暗中求见，说服了齐国的使者，使者就把他藏起来，偷偷带回了齐国。

大将田忌发现孙膑有过人之智，十

听说齐军的灶一天比一天少，庞涓以为齐国的军队每天都有逃跑的，十分得意。

分礼待他，还将他推荐给齐威王。齐威王向孙膑请教兵法，对他非常佩服。

周显王十五年（公元前354年），魏惠王攻打赵国，包围了邯郸。齐威王决定派兵援救赵国，任命田忌为大将，孙膑为军师。田忌想率军直奔赵国，被孙膑阻止了。孙膑劝告他说："想劝开打架的人，不能自己也挥着拳头动手；想制止械斗的人，不能自己也拿起棍棒格斗。避实就虚，造成不得不停手的形势，那么问题也就解决了。现在魏国攻打赵国，主力精锐一定全部出动，国内只剩下老弱残兵。您不如率军突袭魏国的都城，占据交通要道，进攻防守薄弱的地方，魏军一定会放弃邯郸回兵自救。那么我们就能一举两得，既解了邯郸之围，又趁机打击了魏国。"田忌听从孙膑的建议，魏军果然回救，在桂陵被齐军打得大败而逃。

周显王二十八年（公元前341年），庞涓率军攻打韩国，韩国向齐国求救。齐威王召集大臣，问道："韩国派使者前来求救，你们看早出兵好，还是晚出兵好？"成侯主张不救，田忌主张早些救援，二人各执一词。孙膑说："韩、魏两国刚开战，双方都没有疲惫。如果我们现在出兵救韩，岂不是听命于韩国，替它挨打吗？因此，我们可以答应韩国，但要晚些时候——等魏军疲惫时出兵。这样，我们既可以获得重利，又可以得到美名。"齐威王听了，连声叫好。于是，他暗中答应了韩国使者，然后打发他回国了。韩国见齐国答应救援，有了靠山，便坚持苦战，但打了五仗都失败了，只好向东归附了齐国。这时，齐国出兵了。

庞涓见自己中计，冲不出去了，就拔剑自杀了。

这次，齐威王让田忌、田婴、田盼担任大将，孙膑担任军师。田忌按照孙膑的计谋，直捣魏都。庞涓闻讯，只得回军。魏王发动全国的军队，让太子申担任大将，和庞涓一起抵抗齐军。孙膑对田忌说："魏军十分凶悍勇猛，一向轻视齐军，我们可以因势利导，让他中计。"于是，齐军进入魏境后，孙膑让部下第一天挖十万个灶，第二天挖五万个，第三天挖两万个。庞涓得到齐军不断减灶的消息后，大喜道："我早就知道齐国人胆小，果然如此。齐军才进入我们国境三天，就逃走了一半以上。"于是，他抛下步军，率领骑兵兼程追赶。孙膑估计庞涓晚上会赶到马陵道。马陵道十分狭窄，两边地形凶险，

适于设伏。于是，孙膑命人把马陵道上一棵大树的树皮剥掉，在上面刻下"庞涓死于此树下"七字，然后让一万名齐兵手持弓弩，埋伏在马陵道两边，约定晚上看见树下火起时就万箭齐发。当天晚上，庞涓果然率兵追来，到达被剥了皮的树下，见白白的树干上仿佛有字，便命令士兵点上火把照着读。他还没有读完，两边万箭齐发，魏军大乱，四处溃逃。庞涓发现自己中计，已经没有活路，便大叫"你小子终于成名了"之后拔剑自刎。接着齐军大破魏军，俘获了太子申，然后凯旋而归。

孙膑指挥齐军，打败了强大骁勇的魏军，从此名扬天下，威震四方。而这时的齐国也逐渐变成了独霸一方的大国。

道理解读

嫉妒会带来心理的失衡，严重的嫉妒会使人道德沦丧，甚至采取卑鄙的手段达到自己的目的。庞涓因嫉妒而使孙膑残疾，也最终因嫉妒而丧身。兵不厌诈，孙膑攻魏救韩，示敌以弱，最终打败了庞涓骄兵。

| 周 纪 |

赵武灵王胡服骑射

战国时期，赵国北方的边境屡屡被北面的胡地骑兵侵扰劫掠，而赵军长袍大袖，乘用兵车，行动十分迟缓，总是无法取胜，赵国很无奈。

周赧王八年（公元前307年），赵国国君武灵王向北进攻中山国，大军到达代地（今河北蔚县）后，继续向北进军，向西到达黄河，登上了黄华山。赵武灵王与大臣肥义商议，准备向胡人学习，让百姓改穿胡人服装，训练骑马射箭的本领。

肥义极为赞同赵武灵王胡服骑射的主张，可是又有些担心会被人笑话。赵武灵王自信地说："傻子以为可笑的，聪明人却会另有发现。就算世上所有的人都笑话我，我也要改穿胡服，学骑射，占领胡地和中山国！"随即，赵武灵王本人率先穿起了胡服，许多大臣有些接受不了。

赵武灵王回到都城邯郸（今河北邯郸）后，下命令让赵国人穿胡人的服装。国都的士大夫都很保守，不愿意换装，声望很高的公子成还假装生病，不去上朝。赵武灵王派人劝说他："家中的事由父母做主，国家的事由君王做主。如今我下令百姓改换服装，而你却不肯穿，我怕天下的人都会拿你做例子来议论我的命令。治理国家有不变的法则，其根本在于要对

大臣们看到赵武灵王身穿胡服，心中接受不了，当即议论纷纷。

百姓有利；推行政令也有一定的方法，根本在于命令能得到实施。恩泽应该先给百姓，而政令应该先在显贵中施行，所以希望以你为榜样，来推动我改换胡服的政策。"公子成听了以后，惶恐地叩头辩解说："我听说中原地区是圣贤施行教化的地方，礼乐盛行，远方蛮夷都纷纷前来观摩效仿。如今大王却舍弃中原地区的衣冠，而下令改穿胡人服装，变更自古以来的传统，违背百姓的意愿。这样做恐怕不合适，希望大王再仔细考虑一下！"

使者把公子成的话报告给赵武灵王，赵武灵王便亲自前去劝说公子成，说："我国东面有齐、中山，北面有燕、东胡，西面有楼烦、秦、韩，如果没有骑射的本领，那我们靠什么来守卫国家？以前，中山那样的小国依靠齐国强大军队的支持，竟然敢侵扰我们的领土，掳掠我们的百姓，引水围困我们的城池，还差一点儿攻打下来。我们的先王因为这事，一直感到非常羞耻。所以我要改换服装，教人骑射，是想用这一办法来防备四方边境的入侵者，向中山国报往日之仇。你却为了沿袭中原的旧俗，厌恶换装，而忘记城池受攻的耻辱，这实在令我失望！"公子成被说服，接受了武灵王的命令。于是，武灵王立即赐给他胡服。第二天，公子成上朝时就穿着胡服来了。

随后，赵武灵王正式向全国发布胡服令，并且教导人民练习骑射。不到一年工夫，身穿胡服的赵国骑兵军队就已经训练有素，战斗力大大增强。当年，赵国攻打中山国，一路势如破竹，中山国被迫割地求和。赵国又派兵攻打林胡，林胡王赶紧献上骏马表示友好。武灵王还派楼缓等人去其他诸侯国征召士兵。赵国一时声威大盛。

之后，武灵王不断扩张土地，还在西河接收了楼烦王的军队。

周赧王二十年（公元前295年），赵武灵王亲率身着胡服的骑兵部队，与齐国、燕国的军队共同灭了中山国，把中山国的国君赶到了肤施（今陕西榆林南）。

赵武灵王身着胡服，亲自率领骑兵部队四处征战。

道理解读

改革要改变陋俗，会遇到守旧的阻力，这就需要改革者具备一定的勇气和说服技巧。商鞅以南门立木取信民众，赵武灵王则选择声望颇高的公子成作为突破点，解决了问题，保证了改革的顺利开展。

| 周 纪 |

孟尝君逃离秦国

战国四公子是指战国时魏国的信陵君、赵国的平原君、齐国的孟尝君和楚国的春申君。他们挥金如土，养了上千门客。这些门客各有一技之长，尽其所能地辅佐四公子。

秦昭襄王听说孟尝君田文贤明，便派泾阳君到齐国当人质，邀请孟尝君来秦国做丞相。孟尝君答应了这一请求，但名士苏代却劝他不要去，孟尝君不听。

周赧王十六年（公元前299年），孟尝君带着一些门客，到了秦国都城咸阳（今陕西咸阳东）。秦昭襄王亲自出宫迎接孟尝君，见孟尝君被门客前呼后拥着，不由得更加仰慕。孟尝君向秦王献上一件狐狸皮袍作为见面礼，秦王知道这是用名贵的狐狸皮做的，十分得意，穿着它在宫中美人面前夸耀了半天。然后，他把袍子脱下来交给太监，让他们收起来。

嫉妒心很重的秦国大臣们怕秦昭襄王重用孟尝君，便在背地里商量怎样排挤他。听说秦王想选个吉日，封孟尝君为丞相，大臣们便纷纷对秦王说："田文是齐国人，手下的人又多。如果他当了丞相，一定会替齐国打算的。要是他利用丞相的权力暗中为害我国，我国不就危险了

孟尝君手下的门客从狗洞里爬进王宫衣库，偷走了狐狸皮袍。

吗？"秦王想了一下，说："你们说的也是。我看还是把他送回齐国去吧。"大臣们说："他在我国已经住了不少日子，我国的情况他差不多全都知道了，哪能轻易放他回去呢？"秦王听了，深觉有理，就把孟尝君软禁起来。

一个门客学着公鸡叫，周围的公鸡全都叫了起来，最终骗开了城门。

孟尝君一时茫然无措，只好派手下的人找秦王的宠姬燕姬寻求帮助。燕姬说："我替孟尝君跟大王说句话倒可以，只是别的谢礼我都不要，我只要一件狐狸皮袍。"孟尝君得知这一要求后，为难地说："我只有一件狐狸皮袍，没有第二件了，况且已经送给秦王了，哪还能要回来

啊？"有个门客听了，对孟尝君说："这事不难，我有办法。"这个门客立刻去跟宫中管衣库的人聊天，先摸准了门路。当天晚上，这个门客从狗洞爬进宫中，到衣库去偷那件皮袍。开门的时候，看守衣库的人惊醒了。门客忙学着狗的样子"汪汪汪"地叫了几声，看守衣库的人便又放心地睡着了。门客进了衣库，拿出那件狐狸皮袍，离开衣库，又从狗洞钻了出来。孟尝君马上将这件皮袍送给了燕姬。燕姬十分高兴，就甜言蜜语地劝秦王把孟尝君放回去。秦王耳根软，便发下过关文书，让孟尝君回齐国去。

随即，秦王又后悔了，忙派人去追赶孟尝君等人。而孟尝君一得到过关文书，便带着门客急匆匆地往函谷关（今河南灵宝北）跑。他们到了函谷关，正是半夜时分。按照秦国的规矩，每天早晨鸡叫头遍时才许开关放人，孟尝君等人只好在关里等着天亮。这时，秦王的追兵越来越近了，孟尝君急坏了。正在这时，门客中有个擅长学鸡叫的捏着鼻子，学着公鸡叫起来了。他这一叫，有好几只公鸡都应和起来。紧跟着，关里的公鸡全都叫起来了。守关的人见公鸡叫了，便打开城门，验过孟尝君的过关文书，就让孟尝君一行出关了。秦兵最终也没有追上他们。

周赧王十七年（公元前298年），孟尝君狼狈逃回齐国。齐王封他为相，让他主持政事。

❧ **道理解读** ❧

牛溲、马勃等不入流的东西皆可入药，所以鸡鸣狗盗之徒虽然没有什么才能，也可以为孟尝君所用，并且在关键时刻救其于危难。因此，我们不要忽视弱小的力量，有时候这些力量反而能发挥大作用。

|周 纪|
乐毅攻齐

燕昭王继位为燕王后，礼待贤士，励精图治，引得乐毅等大量的能人志士投奔燕国。在众位贤臣的全力辅助下，燕昭王使燕国日益富足强盛。

周赧王二十九年（公元前286年），齐湣王发兵灭掉了宋国，引起其他各诸侯国的不满。于是，燕国便决定联合各国讨伐骄横的齐国。

周赧王三十一年（公元前284年），燕王调动全部兵力，以乐毅为上将军，统一指挥燕、秦、魏、韩、赵之军进攻齐国，齐国军队大败。之后，乐毅安排开其他国家的军队，自己独自率领燕军，向南长驱直入齐国。

谋士剧辛劝告乐毅说："齐国大，燕国小。我们依赖诸侯的帮助才打败齐军，应该及时地攻取边境城邑扩充燕国领土。这才是长久之计啊！现在大军过城不攻，一味深入，既对齐国没有损害，又对燕国没什么益处，只能结下深怨，日后必定要后悔。"乐毅不听，回应剧辛说："齐王好大喜功，刚愎自用，不听从众臣的意见，又废黜贤良人士，专门信任小人，政令暴虐，百姓怨愤。现在齐国军队已溃不成军，如果乘胜追击，齐国百姓必然反叛，内部发生动乱，我们就可以得到齐国了。如果不这样做，等到齐王改正了过失，开始抚恤人民，我们就难以谋取齐国了。"于是，乐毅率军深入齐国。齐国人果然大

乐毅率领燕军长驱直入，打得齐王四处奔逃。

乱失控，齐王出逃。乐毅进入临淄后，收取宝物、祭器，运往燕国。燕王大喜，封乐毅为昌国君。

乐毅听说昼邑人王蠋贤良，便下令围绕昼邑三十里，外人不得进入，又派人请王蠋，王蠋辞谢不去。燕国人继续威胁，王蠋于是自尽而死。随后，燕国军队长驱直入，齐国其他城邑的士兵和百姓都望风溃逃。乐毅修整燕军纪律，禁止侵掠，寻访齐国的隐士高人以礼相待，减免人民赋税，革除苛刻的法令，恢复齐国旧政。他还亲至城郊祭祀齐桓公、管仲，把贤良人才的房屋装饰一新，修缮王蠋的陵墓。齐国人接受燕国所封君号采邑的有二十余人，接受燕国爵位的有一百多人。六个月之内，燕军攻下齐国七十余座城，将这些城全部设为郡县。齐国只剩下即墨和莒城没有攻破，被燕军团团围住。

不久，燕昭王去世，燕惠王继位。燕惠王历来与乐毅有矛盾。齐将田单于是用反间计，使本就疑心重重的燕惠王撤换了乐毅，换无能的骑劫做大将。乐毅不敢回燕国，就逃到了赵国。不久燕军大败，齐国收复了全部被占国土。

赵王欢迎乐毅的到来，十分尊重宠爱他。燕惠王便派人批评乐毅说："将军过于听信传言，又因为与我有矛盾，就抛弃燕国归附赵国。你这样做为自己打算是可以的，可是又怎能报答先王对你的一片恩情呢？"乐毅回信答复说：

"从前伍子胥的建议被吴王阖闾采纳，吴国的势力扩展远至郢地，而继任的吴王夫差却把伍子胥的尸体装入皮囊抛进江中。我的上策是，避免自身的灾祸而且成就功业，从而表明先王的英明。我所担心的是，自己遭别人毁谤，从而使先王的英名蒙上耻辱。我听说，古代的君子与人断交绝不说别人的坏话；忠臣被迫离国，也不去洗雪自己的名声。我虽然不才，也曾多次从古代君子身上得到教益。希望大王能够理解我的心意。"燕惠王读后内心十分歉疚，便封乐毅的儿子为昌国君，而乐毅也为燕赵和好而往来燕国与赵国，最后死于赵国。

对于来自燕惠王的责备，乐毅写信回复了燕惠王，恳切地解释了自己的想法。

| 周 纪 |

蔺相如完璧归赵

战国中期，天下重宝和氏璧辗转各地，最后被赵惠文王得到。秦昭襄王得知这一消息后，决定向赵惠文王索要。

公元前283年，秦王派使者带着国书去见赵惠文王，说秦王情愿拿十五座城来换和氏璧，殷切希望赵王答应。

当时赵国比秦国弱小，赵王珍惜宝物，又胆小怕事，十分矛盾：不给吧，内心的确畏惧于秦国的强大，万一秦王以此为借口攻赵怎么办；给吧，又怕被毫无信义可言的秦王强行骗去，拿不到那十五座城。

赵王于是把蔺相如召了过来，商议如何处理此事。蔺相如对赵王说："秦国强，赵国弱，我看不答应恐怕不行。"

赵王说："要是把璧送了去，秦国得了璧，不给城，怎么办呢？"

蔺相如说："秦王要用城池与大王交换，大王您若不答应，那么理亏的是我们；我们给他和氏璧，而秦王不给我们城池，那么理亏的是秦王。两相比较，宁可答应秦王，就算得不到城池，也要让他理亏。"

赵王说："那么万一秦国不守信用，怎么办呢？"

蔺相如说："我愿意携和氏璧出使秦国，如果秦王不给城池，我一定想办法把它完整地带回来。"

于是赵王派遣蔺相如为使者，带和氏璧到了秦国。秦王只是在别宫里面很随意地接见了蔺相如等人。他见了和氏璧，翻来覆去地看，爱不释手，一再称赞这是一块好玉璧，却绝口不提城池的事。秦王身边的人也跟着凑热闹，说真是好玉璧，纷纷向秦王表示祝贺。蔺相如看到秦王并不是诚心要用城池交换，就骗秦王说玉璧上有个瑕疵，请秦王让自己指给他看，借机又把和氏璧拿到手中。

蔺相如后退几步，靠近一个大柱子后，

秦王见了和氏璧，爱不释手，一味和身边的人赏玩，却绝口不提城池的事。蔺相如心中顿时有了主意。

怒气冲冲地说："我看大王您没有丝毫的诚意准备拿十五座城交换此璧，就把璧拿了回来。您要是强行抢夺，我的脑袋和玉璧就会一起撞碎在柱子上。"说着，他拿着和氏璧，对着柱子做出要撞的样子。

蔺相如举着和氏璧做出要撞的样子，秦王大惊，马上答应了他的要求。

秦王怕蔺相如碰坏了玉璧，赶紧向他赔不是，说："先生千万别误会。我说过的话一定算数。"并赶紧责成相关官员拿地图指给蔺相如看，具体说明从哪里到哪里的十五座城给赵国。

蔺相如心里清楚，秦王最终是不可能拿这十五座城换和氏璧的，便借机说："赵王很看重此事，在送璧到秦国来之前，他斋戒了五天，还在朝堂上举行了一个很隆重的仪式。大王您如果诚意换璧，也应当斋戒五天，然后再举行一个接受璧的仪式，我才敢把璧奉上。"

秦王觉得反正蔺相如也跑不了，就一口答应了。

回到下榻的宾馆，蔺相如叫一个随从打扮成商人的模样，偷偷地从小道把璧带回了赵国。

五天后，秦王不厌其烦地做完了斋戒和仪式，在朝堂上等蔺相如交出玉璧。

蔺相如非常镇静地回答，说自己已经将和氏璧偷偷地送回赵国了。因为秦国多年来就在诸侯国之间缺少诚信，自己也很担心。如果强大的秦国先把十五座城给赵国，弱小的赵国一定会赶紧地把玉璧送来的。

暴怒之下的秦王实在挑不出蔺相如的不是，也觉得不能只为这件事就和赵国翻脸，同时认为蔺相如是个贤人，没有杀他，而是对他颇为礼貌，送他回到赵国。赵王见蔺相如立下大功，就任命他做上大夫。

❧ 道理解读 ❧

面对强大的敌人，既不能唯唯诺诺，甘受欺凌，那样只会让对方愈发强大、张狂。也不能直来直去，硬碰硬，那样可能会以卵击石，粉身碎骨。而是要讲究斗争的策略，做到有理、有利、有节，让敌人找不到借口。

|秦 纪|

荆轲刺秦王

　　赢政继位后，燕国在秦国的人质燕太子丹屡被欺侮，后来他见秦王政失信，知道没法再在秦国住下去了，便于秦王政十五年（公元前232年）装扮成穷人，逃回燕国。

　　燕太子丹恨透了秦王政，一心要收买能刺杀秦王的人。他先是收留了胆量很大的秦舞阳，然后又收留了叛逃秦国的樊於期，把他当作上宾。

　　当时，有一位剑客叫荆轲，很有本事，侨居在燕国，太子丹待他为上宾，小心地侍候他。荆轲明白太子丹的报仇计划，也知道自己是不二人选。

　　太子丹的心情比较急迫，一再催促荆轲。荆轲本来想准备周全后再出发，此时只得无奈地答应了太子丹，并向他索要了督亢地图，作为给秦王的献礼，以便能够亲近赢政。

　　接着，荆轲又私下去见全家被杀的樊於期，劝他为刺秦献出自己的人头，报仇心切的樊於期当即拔剑自杀。太子丹叫人把人头装在木匣子里交给荆轲，又送给

樊於期听荆轲说想刺杀秦王，就必须献出自己的头，当即就自杀了。

荆轲一把匕首。这匕首用毒药煎过，见血封喉。太子丹还派秦舞阳和荆轲同去。

两人动身那天，太子丹和几个心腹送他们到易水之滨，为他们饯行。众人全身缟素，事先为荆轲和秦舞阳开了追悼会。荆轲的朋友高渐离拿着筑，奏出一支曲子。荆轲打着拍子唱了起来："风萧萧兮易水寒，壮士一去兮不复还！"

秦王政二十年（公元前227年），荆轲到了咸阳。秦王听说燕国使臣把樊於期的头和督亢地图送来了，马上宣召荆轲。荆轲捧着樊於期的头，秦舞阳捧着督亢的地图，一步步地走上了秦国朝堂。秦舞阳一见秦国朝堂威严肃穆，不由得害怕起来。秦王左右一见，喝道："使者为什么脸色都变了？"荆轲回头一瞧，见秦舞阳的脸又青又白，跟死人差不多，便镇定地对秦王说："他是北方粗人，从来没见过大王的威严，免不了有点害怕。请大王原谅！"秦王就让荆轲一个人上来。荆轲只好先把樊於期的头献上。随即，秦王便叫荆轲拿过地图来。荆轲回到台阶下面，从秦舞阳的手里接过地图，呈给秦王，一边慢慢地打开地图，一边一个地方一个地方地指给秦王看。当地图全部打开时，卷在地图里的匕首就露出来了。

秦王一见匕首，立刻跳了起来。荆轲连忙抓起匕首，左手揪住秦王的袖子，右手刺了过去。秦王使劲地向后一转身，那只袖子就被割断了。秦王一下子跳过旁边的屏风，荆轲拿着匕首追了上去。秦王绕着朝堂上的大铜柱子跑，荆轲在后紧紧地追赶。这时，台阶上面站着的几个文官手无寸铁；台阶下面的武士，照秦国的规矩，没有王令是不准上去的。荆轲追得那么紧，秦王连拔出佩剑的那点工夫都没有。这时有个侍候秦王的医生，拿起药袋对准荆轲打过去，荆轲伸手一挡，那个药袋掉在地上。秦王趁这工夫，用力拔出身上佩带的宝剑，上前一步，只一剑就砍下了荆轲的左腿。荆轲站立不住，摔倒在地。他将匕首向秦王抛过去，秦王一闪，那把匕首从耳旁擦过，打在铜柱上。秦王接连又向荆轲砍了好几剑，结果了荆轲的性命。这时，台阶下的秦舞阳早已经被武士剁成了肉泥。

荆轲抓起地图里的匕首刺向秦王，秦王慌忙躲过。

| 秦 纪 |

秦统一六国

战国末期，经过和六国之间的远交近攻，秦国愈战愈强，而六国愈来愈衰败，内部纷争不断，皆无力抗衡秦国，天下统一已经成了不可逆转的趋势。

秦昭襄王四十九年（公元前258年），秦军围困赵国都城邯郸已经近三年，赵国岌岌可危，魏国的信陵君和楚国的春申君率军救赵，秦军才退去。看到秦军也可以被打败，楚国和西周（这时周朝已经分裂为两个弱小的国家——西周和东周）都觉得可以借机攻打并灭掉秦国，于是撺掇东方各国合纵西伐。最后的结果是，韩、赵、魏无力发兵，齐国和秦国是盟国不肯发兵，燕国和楚国发兵了但持观望态度，最后看别国无军队前来就撤兵了。于是，秦国借机发兵灭掉了西周。各国诸侯很害怕，纷纷派使者去秦国道贺。

几年后，昭襄王病故，安国君继位才三天就去世了，异人继位为秦王，吕不韦为丞相。东周以为秦国接连死了两个国王，国内局势肯定大乱，就纠集东方各国联合起来抗秦。这次战争的最终结果是，秦庄襄王元年（公元前249年），吕不韦率秦军灭了东周。

公元前246年，嬴政继位，吕不韦辅政，秦国愈发强大，东方六国已经只

秦庄襄王元年，吕不韦的军队攻灭了东周。

到了公元前221年，秦王嬴政先后攻灭了六国，统一了全国。

剩下苟延残喘数日子的力气了。为了讨好秦国，韩、魏等国纷纷割地献媚，于是秦国更加不可一世。公元前235年，吕不韦饮鸩自杀，秦王嬴政全面掌权，加快了攻灭六国的步伐。从公元前230～前221年，秦用了十年时间进行统一六国的战争。

六国中，韩国最弱小，也是秦国首先攻灭的对象。公元前230年，秦派内史腾率兵进攻韩国，俘虏了韩王安，韩国灭亡。第二年，秦国又利用赵国发生大地震和大灾荒之机，派王翦领兵攻赵。王翦实施反间计，结果使名将李牧被赵王冤杀。公元前228年，秦军攻入邯郸，赵亡。赵公子嘉率几百人逃到了代郡，自立为代王。公元前222年，王翦的儿子王贲攻下代城，赵国彻底灭亡。

韩和赵的灭亡，严重威胁到燕国的生存。公元前227年，燕太子丹派荆轲去刺杀秦王政未遂，秦王大怒之下，立即派王翦、辛胜领兵攻燕，于次年攻下了燕都蓟，燕王喜逃到辽东。公元前222年，王贲攻下辽东，俘虏了燕王喜，燕彻底灭亡。公元前225年，王贲率领十万军队攻打魏国，魏王假投降，魏亡。公元前224年，王翦率六十万大军攻楚，采取屯兵练武、坚壁不战、麻痹敌人、以逸待劳的战略，乘楚军斗志懈怠、撤退时追击，迅速消灭了楚军主力，接着占领楚都寿春（今安徽寿县）。公元前222年，王翦又率军渡过长江，平定了楚的江南地，降服了越君，设置会稽郡，楚国亡。

在攻灭五国前，秦国一直拉拢齐国，不使之成为自己统一天下的羁绊。直到五国灭后，昏聩的齐王才突然意识到自己已经大祸临头了，慌忙指挥齐军进入战备状态。公元前221年，王贲灭燕后率军南下，几天工夫就打进齐都临淄，齐亡。这样，中原地区最终实现了统一。

秦国在灭楚之后，很快征服了今浙江、福建、广东和广西一带，又在越族地区建置了南海、桂林、象三郡。

之后，秦王嬴政上尊号为始皇帝，统一了全国的文字、度量衡，实施郡县制，还派人北退匈奴、修长城，建立了我国历史上第一个大一统的封建王朝。

道理解读

合作需要团结一心。在和秦国的对抗中，六国和东西周都各怀异心，像一盘散沙，所以很难取得成功，反而愈加羸弱。此消彼长，秦国愈强，加之采取合理的远交近攻的策略，各个击破，最终实现了大一统。

秦 纪
赵高指鹿为马

赵高本来是赵国的没落贵族，一生下来就被阉割了。赵国灭亡后，他便进入秦国宫廷，做起了宦官。最初，他侍奉秦始皇的幼子胡亥，很是受胡亥的宠信，而胡亥又特别受秦始皇的宠爱。秦始皇三十七年（公元前210年），嬴政准备出巡，赵高便怂恿胡亥向嬴政要求同往，以方便随时在左右侍奉。嬴政见他孝心可嘉，便答应了。在巡行的路上，秦始皇驾崩。时为中车府令的赵高，勾结随行的丞相李斯，矫诏传帝位给胡亥，并杀死了公子扶苏和大将蒙恬。

胡亥继位后为秦二世，对赵高非常

赵高指着鹿硬说是一匹马，很多大臣都阿附赵高，秦二世自己也有些糊涂了。

依赖，几乎事事都按照赵高的意思办，甚至干脆把朝廷大事全部托付给赵高。于是，赵高开始权势熏天。他先是罗织罪名，腰斩了丞相李斯，被二世任为中丞相。后来，赵高想独揽大权，但又担心朝廷内部对自己不服，便决定做个圈套考验一下大臣。

这一天，赵高来到皇宫，恰好大臣们都来商议国家大事。赵高对秦二世说："陛下，我得到一匹上好的马敬献给您。"侍卫牵上来一看，马头上长着鹿角，身上有梅花一样的斑点，分明是一只梅花鹿。秦二世虽然残暴，但还能认出这是一只梅花鹿，笑着说："丞相弄错了吧，这是只梅花鹿，不是马呀？"赵高说："陛下，是您错了，这是马，而不是鹿！"接着他又转身问大臣们："你们看这是鹿还是马呀？"许多大臣不敢得罪赵高，也不敢欺瞒皇帝，默不作声。有些势利的大臣想巴结赵高，就说："确实是匹马！"个别正直无私的大臣气不过，就说："这是鹿！"后来，赵高把那些说实话的人都一一法办了。剩下的大臣都十分害怕赵高，再也不敢议论他的过错了。

秦二世继位之初，曾经说过："人生这一辈子太短暂了，我既然已经统治天下了，就想要享用我喜欢的一切事物，直到寿命终结。"赵高听了，马上怂恿秦二世加重苛严的刑罚，继续修建阿房宫，征集五万力士保卫咸阳，还豢养了许多狗马禽兽。这样一来，老百姓苦不堪言，只好起义。赵高以前多次说："关东反贼不能为害。"后来，项羽在巨鹿之战中大破秦军，各地诸侯都率领自己的军队向西攻打秦国。秦二世三年（公元前207年）八

秦二世听信赵高的谗言，大兴土木，百姓们的徭役十分沉重，最后终于引发了农民起义。

月，沛公刘邦率军队屠灭了武关。在这样的境况下，赵高怕秦二世发怒诛杀自己，便推托有病，不朝见秦二世。后来秦二世果然派使者以反贼为害的事责备赵高。赵高怕招至杀身之祸，便暗中与任咸阳令的女婿阎乐及弟弟赵成谋划另立子婴为皇帝。于是赵高使郎中令做内应，假说是宫内有大贼，命令阎乐召集官吏出动士卒追捕。阎乐率领士兵来到秦二世居住的宫殿，杀死阻挡他们的卫士，直入宫内，秦二世身边的侍卫都惊慌得不敢搏斗。

阎乐上前指斥秦二世说："你骄横妄为，诛杀无辜的人，大逆不道，天下的人都反叛你，我受丞相的命令，为天下人民诛杀你。"一再向阎乐哀求无效后，秦二世只好自杀。赵高于是召集所有的大臣和公子，将诛杀秦二世的情况告诉他们，说："秦原来是王国，始皇成为天下君主，所以称为帝。现在六国又自己建立国家，秦朝地方十分狭小，仍然称'帝'不应该，应该像以前一样称为王。"随即，赵高立子婴为秦王，将秦二世以百姓的身份埋葬了。

九月，赵高让子婴实行斋戒，到宗庙行礼，接受传国的玉玺。子婴与他的两个儿子商量说："赵高杀了秦二世，怕臣子们诛杀他，便假意立我为王。他现在要我去宗庙，是想在宗庙杀死我。我推托有病不去，他一定会亲自到这里来，他来我们就杀了他。"赵高几次派人来请子婴，子婴都不去。赵高果然亲自来斋宫请子婴，子婴就在斋宫里杀了他，并灭了赵高三族。

❧ 道理解读 ❧

秦二世宠信赵高，也需要对其保持一定的警惕，当发现赵高在愚弄自己，就应该洞察事情背后的缘由。野心家指鹿为马，颠倒是非，混淆黑白，都只能蒙蔽一时，不可能永远得逞。

|秦纪|
项羽破釜沉舟

秦二世三年（公元前207年）十月，楚怀王派上将军宋义率领军队去解赵国之围，当时宋义号称卿子冠军。来到安阳县后，宋义驻留四十六日不肯率军前进，天天享乐。副将军项羽进言说："秦军包围赵军，战事十分危急，应该迅速带兵渡过黄河。我们楚军攻击秦军的外围，赵军则在城内呼应，这样一定能打败秦军！"

宋义准备让秦赵两军先斗，待到秦军疲惫之时再进攻，坐收渔翁之利，因而不听项羽之言。这时天气寒冷，军中粮食不足，所以项羽认为宋义的计策并不可行。一日早晨，项羽进见宋义，就在他的营帐中斩下了他的头，随即下令全军说："宋义与齐国合谋反叛楚国，楚王密令我杀了他！"这时，将领们都被震慑住了，没人敢有异议，只好拥立项羽为代理上将军，并派人向楚怀王报告。楚怀王得到消息后，便顺水推舟地任命项羽为上将军。

秦国供应军粮的甬道这时已经连接到了黄河边，围攻赵国的秦将王离见粮食供给充足，便加紧攻打巨鹿（今河北平乡西南）。巨鹿城内粮食耗尽，兵卒人数少，守城的张耳多次派人请生死好友陈馀前来救巨鹿。陈馀估计自己的兵员少，不能战胜秦军，不敢前往。过了几个月，张耳大怒，派人前去责备陈馀说："当初我和你约定为生死之交，现在赵王和我早

项羽见宋义迟迟不肯进军，只知道享乐，就来到宋义的营帐杀了他。

晚就会战死，而你掌握着兵卒几万人，不肯来相救，哪里能说什么同生共死！如果信守前言，为什么不与我一起同秦军拼命！这么做也许有十分之一二保全的可能。"陈馀解释说："我估计前往巨鹿不仅不能救赵军，还会白白葬送我的全军。我之所以不去一起赴死，是想将来为赵王和张兄报复秦国。现在一定要我和你一起共同赴死，就像把肉块丢给饿虎一样，这能有什么好处呢！"但来使坚决约请陈馀出兵共同战死。陈馀无奈，只好让来使带领五千人先试攻秦军。这五千人一到秦军阵前交战，便全部战死了。这时，齐国和燕国的军队都赶来援救赵国，张耳的儿子张敖也带着兵卒前来支援。但慑于秦军的威势，各路军队都不敢攻击秦军，只得在陈馀军旁边驻守营垒，等待时机。

项羽杀死了卿子冠军宋义后，声威已震动楚国。随即，项羽派遣当阳君黥布、蒲将军率领士卒两万人渡过黄河援救巨鹿。第一战便取得了小胜，楚军乘势截断了秦所筑的粮道，阻断了王离军队的粮食供给。陈馀又向项羽请求派出救兵。项羽于是带领全军渡过黄河，并让军士把船全部沉没到黄河中，砸碎了各种炊具，烧毁了军营，带上三天的干粮，以表示要决死战斗，没有存侥幸生还之心。

到了巨鹿城外，项羽指挥楚军包围了王离的军队，与秦军先后九次大战，

项羽为了坚定将士必死的决心，渡过黄河后，就把船砸坏沉没到黄河中，还砸碎了各种炊具。

大败秦军，秦将章邯只好领兵退去。其他各路诸侯军来援救巨鹿的有十多个营垒，但在楚军之前谁都不敢开营出兵。楚军刚开始攻击秦军时，诸侯将领都在营垒上观战，看到楚军战士奋勇杀敌，无不以一当十，呼声震动天地，因而个个感到十分惊恐，才敢跟着进击秦军，杀死了秦将苏角，俘虏了王离。

楚军大败秦军后，项羽在自己的军营中召见各诸侯将领。进入项羽的营门时，诸侯将领为项羽的威势所慑服，个个都屈膝前行，没有人敢仰头看项羽。项羽由此成为诸侯的上将军，各路诸侯都服从他的指挥。

◆ 道理解读 ◆

在战争中，要做到以少胜多、以弱胜强，要么主帅的谋略过人，要么士卒的斗志高昂，有必死之心，战斗力极强。巨鹿之战中，项羽谋略不见出色之处，但他破釜沉舟，鼓舞了将士的斗志，最终取得大胜。

|汉 纪|

鸿门宴

汉高帝元年（公元前206年）十月，沛公刘邦进军咸阳，秦王子婴举国投降。进入咸阳后，沛公迷恋秦朝的宫室、狗马、珍宝及妃嫔，便想留居在宫里，后来在樊哙和张良的劝说下，才顿然醒悟，迅速带领军队退出咸阳驻扎在灞上（今陕西西安东南）。十一月，沛公召集咸阳附近各县的父老、豪杰，和他们约法三章，得到了秦地百姓的大力拥护。

没过多久，项羽带兵来到。沛公的左司马曹无伤想求得封赏，便差人对项羽说："沛公打算在关中称王，叫秦王子婴做相国，秦国的珍宝都要归他所有了。"项羽暴怒之下，便让士卒饱餐畅饮，准备第二天早上去攻击沛公的军队。

项羽的叔父项伯向来同张良很好，得知此消息后，连夜骑马到沛公营地，私下会见张良，把这些事详细告诉他，让他离开刘邦以自保。张良却把此事告诉了沛公。在张良的谋划下，沛公接见项伯，一再表白自己并无反叛之心。项伯回去后，把沛公的话报告给项羽，并说沛公破关中有功，如果去攻击他，会陷自己于不义，不如好好对待他。

第二天早晨，沛公轻装简从，来鸿门（今陕西临潼）向项羽道歉说："我与将军协力攻打秦军，没想到自己能侥幸先进关攻破秦国。听说现在有小人从中挑拨，使得将军与我之间产生了嫌隙。"项羽解释说："这可是你的左司马曹无伤讲的，要不然，我也不至于发那么大的火啊！"

项羽留下沛公共同宴饮。在这一过程中，亚父范增多次暗示项羽做决断当场杀死刘邦，项羽并不理会。范增便起身出去召来项庄，让他进去借舞剑之名，趁机杀死沛公。

项伯看事情不妙，也拔出剑起舞，用身体去掩护沛公，项庄一时难以得逞，但情形很危险。张良于是到军营门口把情况告诉了在门外等候的樊哙，说："现在项

项伯看事情不妙，拔剑挡住项庄，掩护了刘邦。

庄舞剑，其目的是想借机杀了沛公啊！"樊哙立即带剑持盾闯进军门，瞪着眼睛怒视项羽。项羽警惕地握着剑直起身来问："你是做什么的？"张良说："是沛公随车的卫士樊哙。"项羽说："是位壮士！赐他一杯酒！"便送上一斗酒。樊哙拜谢后，一口气喝完酒。项羽又说："赏他一条猪腿！"侍者又送上一条生猪腿。樊哙拔出剑把猪腿切了切大口吃了。项羽问："壮士还能饮酒吗？"樊哙说："我死都不怕，一杯酒还会推辞吗？"接着樊哙一番高谈阔论，辩驳得项羽一时无言以对，只得尴尬地说："坐下！"于是樊哙就在张良的身边坐下了。

过了一会儿，沛公起来上厕所，趁机招呼樊哙出去。沛公说："现在走，没有打招呼，不好吧？"樊哙说："现在事情紧急，人家好比是菜刀和砧板，我们是随时可能被宰割的鱼肉，顾不了这么多了。"于是沛公便弃置车骑不用，独自骑马，樊哙等人步行护送，抄小道一起赶回灞上。张良被留下去辞谢项羽。临走前，沛公对张良说："从这条道路到我们军中，不过二十里。估计我已经回到了军

范增得知刘邦已经开溜了，大怒，拔剑击碎了张良献上的玉斗。

中，你便可进去辞谢。"

估计沛公已经从小路回到了军营，张良这才进帐向项羽辞谢说："沛公不胜酒力，不能亲自来告辞，他让小臣张良奉上白璧一双，拜献给将军；玉斗一双，拜送给亚父。"项羽问："沛公在哪里啊？"张良回答说："听说大王有意要责备他，所以他一个人脱身回去，已经到军中了。"项羽接过白璧，放在座位上。范增拿过玉斗，放在地上，愤怒地拔出剑来将其击碎，破口骂道："唉！这帮小子不值得我同他们谋大事！夺取将军天下的人，一定是沛公啊！我们这些人眼看就要被沛公俘虏了啊！"沛公回到军中，立即诛杀了曹无伤。不久，刘邦被项羽封为汉王。

道理解读

对敌人的仁慈，就是对自己的残忍。项羽空有妇人之仁，把刘邦纵虎归山，成了自己的掘墓人。知人善任、从谏如流是刘邦的一大优点，而张良和樊哙则在整个鸿门宴中很好地保护了刘邦。

|汉 纪|

楚霸王四面楚歌

在楚汉战争中，汉王刘邦的实力越来越强，而西楚霸王项羽则节节败退，逐渐招架不住，只得向楚地撤退。汉高帝五年（公元前202年）十二月，汉王与诸侯会师追击项羽。项羽率军逃到垓下（今安徽灵璧东南），这时，手下的士卒已经不多了，而且粮食也已经断绝了。汉军则会同诸侯军队将其重重包围起来。

夜里，项羽听到汉军从四面唱起楚地的歌，大惊失色，问手下："汉军都已占据了楚地了吗？怎么楚人这么多呢？"项羽深夜起来，在军帐中饮酒，慷慨悲歌，伤心流泪，侍卫们也都跟着哭泣。

项羽有一个宠姬名叫虞姬，她为了鼓励项羽，在给他跳完最后一次舞后，引剑自杀。于是，项羽下定决心突出重围。半夜时分，项羽跨上乌骓马，让部下八百多人骑着马随从，一起朝南冲出包围，纵马奔驰。天快亮的时候，汉军方才觉察，命令骑将灌婴率领五千骑兵追赶。

等到项羽渡过淮河时，能跟上的随从只有一百多人了。项羽到了阴陵（今安徽和县北）一带后，迷失了道路，便向路过的农夫打听。农夫骗他说："往左！"项羽往左走，却陷入一片沼泽地里，被汉军追上了。

项羽迷失了道路，而农夫故意给他指错了方向。

项羽只得又带兵向东走，到了东城地方，只剩下二十八个随从了，而追赶的汉军骑兵却有几千人。项羽估计不能脱身，便对部下骑兵说："我身经七十余战，没有失败过。今天最后受困在这个地方，这是天要我亡，不是我用兵打仗的过失啊！今天我愿和诸位并肩痛快地打一仗，一定要打胜三次，让众位知道是天要亡我，而不是我用兵打仗的过失。"于是，他将随从分为四队，朝四个方向各往下冲，约定在山的东面分三处会合。项羽一马当先，大声呼喝着向下直冲，汉军都望风披靡，汉军一名将军逃跑不及被项羽斩杀。这时，汉军赤泉侯杨喜从后面追赶上来。项羽扭头瞪眼大喝一声，杨喜人和马都惊慌失措，退避了好几里路。项羽与他的骑兵在三处会合，汉军便一分为三，又将其重新包围起来。项羽再次往来驰突，斩杀了汉军的一名都尉，杀死数百人，然后又聚集骑兵队伍，清点后发现只不过损失了两骑而已。项羽问他的随从说："怎么样？"骑兵们都敬服地说："正如大王所说的那样。"

项羽等人突围来到乌江边，乌江亭长准备好船停在岸边等着，对项羽说："江东地方虽小，但有方圆千里的地方，几十万的民众，也足以称王了。希望大王您急速渡江！现在只有我有船，汉军赶来，没有船只可渡，是追不上您的。"项羽笑着说："天要亡我，我渡江干什么？况且我带领江东子弟八千人渡江而西进，今天没有一人生还。即使江东父老爱怜我而拥立我为王，我又有何面目见他们？"于是，他把所乘的马赏赐给亭长，命令随从都下马步行，手持刀剑和追上来的汉军交战。交战中，身披数伤的项羽看见了汉军骑兵司马吕马童，说："你不是我的老相识吗？我听说汉王悬赏千金买我的头，并给封邑一万户，我为你们做点好事吧。"说完便自刎而死。众人于是纷起抢夺项羽的尸体，互相践踏。

项羽死后，其封地鲁地未平，汉王便派使者手持项羽的头颅前去招抚，鲁地于是投降。

项羽眼见突围不能够成功，无奈之下，只好在乌江边拔剑自杀了。

道理解读

做一件事情，成功与否，不仅要看实现的客观条件（即外因），也要看到自己的主观条件（即内因）。项羽把失败的原因全部归结为客观条件或者所谓的"天意"，显然没有意识到自己的过失所在。

| 汉 纪 |

常胜将军韩信

淮阴（今江苏清江西南）人韩信年少时，家里很穷，本人虽熟演兵法，怀有安邦定国的抱负，但一直不得志。他不会从事生产或经营商业，经常去别人家里蹭饭，弄得人们大都很厌恶他；有一位老大娘曾经激励他去闯荡一番事业；连市井无赖也说韩信没用，让他受胯下之辱。

后来，韩信投奔了项梁的军队。项梁兵败后，韩信又隶属于项羽，但一直没有得到重用。等到汉王刘邦率兵进入蜀地后，韩信便投奔汉军，开始也没有得到重用，但萧何等人觉得他是个人才，很赏识他。

后来，韩信看汉王确实不重用自己，许多将士开小差逃跑，自己便也逃走了。萧何听说韩信跑了，来不及报告汉王，就去追赶他，并把他追了回来，郑重向汉王推荐。汉王于是决定拜韩信为大将。

韩信和汉王分析了楚汉的形势与汉军的发展策略，汉王大为满意，自恨结识韩信太晚，听从了韩信的计谋，部署各路将军出兵进击的路线。从此，韩信的才能和抱负开始得以施展。

汉高帝元年（公元前206年），韩信明修栈道，暗度陈仓，一举拿下了关中地区。

萧何听说韩信跑了，来不及报告汉王，就趁着月色把他追了回来。

汉高帝二年（公元前205年），韩信先是引兵出函谷关，降服项羽洛阳地区所属的封国，后与齐、赵联合共谋击楚。但刘邦兵败彭城后，齐、赵、魏等重又倒戈向楚。八月，韩信领兵攻魏，大破魏军，俘获了魏王豹。

汉高帝三年（公元前204年），韩信先是收复了代郡，之后率军背水列阵，大

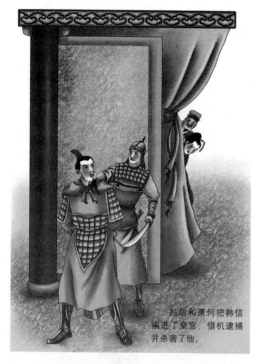

吕后和萧何把韩信骗进了皇宫，借机逮捕并杀害了他。

破二十万赵军，灭赵。接着，韩信"不战而屈人之兵"，降服了燕。

汉高帝四年（公元前203年），韩信用重兵急袭的办法攻破了齐都临淄，又运用半渡而击的办法全歼增援的楚军，随即

全部平定了齐地。

汉高帝五年（公元前202年），刘邦以韩信为主将，统一指挥各路大军，在垓下彻底击败项羽军，结束了历时五年的楚汉战争，韩信则因功劳最大被封为楚王。刘邦称帝，是为汉高祖。

但是韩信功高震主，也被其他人所嫉妒。汉高帝六年（公元前201年）十月，有人上书诬告韩信谋反。刘邦借出巡之机，逮捕了韩信，降封他为淮阴侯。韩信感叹地说："野兔死尽了，猎狗便会被烹杀；飞鸟打光了，好的弓箭就会被收藏起来；敌国亡了，出谋略的臣子便会遭诛杀。现在天下已经平定，我的使命结束了！"

之后，韩信常常推托有病不上朝，也不随从刘邦出行，平日快快不乐，以和自己的老部下同级别而感到羞耻，心里的不满与日俱增，开始寻找时机再起。

韩信真正谋反之前，刘邦任命阳夏侯陈豨为相国，监督赵、代两地边境上的驻军。临行前，陈豨去向韩信辞行。韩信建议陈豨起兵谋反，自己愿意为内应。陈豨满口答应。

汉高帝十年（公元前197年）九月，陈豨与王黄等反叛，刘邦亲自从东面进击陈豨，并在第二年冬天打败了陈军。

期间，韩信暗中派人到陈豨那里，与陈豨互通谋略，却被吕后和相国萧何知晓。二人用计杀了韩信，同时诛灭韩信的三族。

❧ 道理解读 ❧

成大事者，在时机不成熟的时候，必须隐藏和修炼自己，等待机会的来临。每个人都有自己的阶段性使命，完成使命后就该转换角色适应新环境。领导者有必要增强自己的控制力，做到强干弱枝。

汉 纪
高祖白登山之围

自战国时期开始，匈奴就一直是中原政权的北方边患。秦末汉初，冒顿弑父自立为单于，率领匈奴士兵四处扩张，日益强大。汉高帝七年（公元前200年），韩王信勾结匈奴叛乱。高祖亲自率领军队进击，在铜县把韩王信的军队打败，韩王信逃亡投奔匈奴。随后，曼丘臣、王黄等人立赵国国君后裔赵利为王，又收编了韩王信溃败的散兵，与韩王信及匈奴联合，打算进攻汉军。匈奴随即派了左、右贤王率领一万多骑兵，与王黄等人驻屯在广武县以南，前锋都抵到了晋阳。

高祖大怒之下，命汉军攻击，匈奴被打败逃走，不久又聚拢了起来。汉军乘胜追击。当时天气十分寒冷，大雪纷飞，汉

军士卒有十分之二三的人冻掉了手指。

高祖率领汉军驻扎在晋阳，听说冒顿军驻在代谷（今山西代县内），便想去进攻他，就先派人去窥视匈奴军的动静。冒顿埋伏了他的壮士精兵，只留老弱的士卒及瘦弱的牲畜在外面。派出去探察的十个人回来，都说可以去攻击匈奴。高祖随即又派刘敬去窥探匈奴，还没等他回来，汉军三十二万人便已全部出动向北去追击匈奴，越过了句注山。

刘敬回来后向高祖报告说："两国交战，本来应该炫耀自己的实力，显示自己军队的长处。如今我前往匈奴，只看到瘦弱的牲畜、老弱的牧民和士兵，这一定是匈奴想显现短处，埋伏了精兵引诱我们深入，然后消灭我们。我认为不可去攻击匈奴。"高祖听了十分生气，大骂刘敬

刘邦派人去窥视匈奴军的动静，只看到了老弱的士兵，却不知道冒顿把精兵已经隐藏起来了。

说："你这个齐地的俘虏，靠着能说会道做了官，如今却胡说八道来使我的军队丧气！"便把刘敬囚禁在广武县。

高祖率先来到平城（今山西大同），而主力军队还没有赶到。冒顿借机发动精锐骑兵四十万人，在白登山包围了高祖七天。汉军内外不能相救援，粮饷也断绝了。敌众我寡，汉军怎么也突围不出去。无奈之下，高祖用陈平之计，派使者暗中给匈奴阏氏（单于的皇后）送了丰厚的财物，请她设法帮助高祖脱身。阏氏对冒顿说："两国的君主不应该互相围困。现在单于您即使占领了汉朝的土地，也终究不能长久居住啊。这对我们来说没有什么实际好处。况且，汉朝的君主也有神灵保佑，不能随便加害的。单于您要三思。"这时，原来与单于约定会师的王黄、赵利本应该到，其军队却迟迟没来，于是冒顿开始怀疑王黄、赵利与汉军有密谋，可能对自己不利，便撤除了包围圈一角，暗示汉军自己主动撤出。

恰逢这时天起大雾，汉军派人内外来往，匈奴也没有发觉。眼看突围的时机成熟，陈平于是命令强弩齐射，保护高祖从解围的一角边射边往外冲。高祖冲出包围圈后，想快马逃走，太仆滕公却坚决要求慢慢地走。等高祖等人回到了平城，汉朝后续的大军也赶到了，匈奴骑兵见势便

趁着大雾，刘邦和身边的大臣冲出了匈奴兵的包围圈，狼狈逃走了。

解围而去。汉朝看一时打不赢，也没有追击，便把大军撤了回去，只留下樊哙来平定代郡。

高祖到了广武，赦免了刘敬，说："我不听用你的话，以致被围困在平城。我已经把在你之前侦察匈奴的十个人杀死了！"于是，高祖封给刘敬食邑二千户，将其封为关内侯，称号为建信侯。

高祖南行，经过曲逆县，说："多么壮观的县啊！我巡行天下，只看到洛阳与这个县壮观。"于是封献了奇计的陈平为曲逆侯，把这个县作为食邑全部奖赏给了他。

❧ 道理解读 ❧

军事家说：不打无准备之战。知己知彼，方能百战百胜。高祖不了解匈奴的情况，想一口把对方吃掉，最终灰溜溜地败退下来。做了错事，能知错就改，听得进劝谏，刘邦所以能够成就大事。

|汉 纪|

叔孙通制礼仪

叔孙通,是汉初薛国的人,年轻时学习儒学,秦二世时为博士。陈胜、吴广起义后,他返回家乡,参加了项梁的义军。汉高帝二年(公元前205年),他在彭城率弟子百余人归顺刘邦。

刘邦最初进入咸阳时,废除了秦朝繁苛的礼仪和刑律,只是约法三章。三章在当时简单明了,所以大家容易遵守,谁也没有觉得不合适。汉朝确立下来后,新制定的仪制法令没增加多少,都很简易,而一起出生入死的臣子们没有规矩约束,开始一起喝酒争功,喝醉后有的人就胡言乱语,并拔出剑来砍宫殿里的柱子。高祖刘邦对此感到十分厌恶。

叔孙通发现了这一情况,借机向高祖进言说:"儒生们很难和别人一起建立事业,但可同陛下一起守住建成的大业。我愿意去征召鲁地的儒生们,与我的弟子们共同拟定朝廷礼仪,统一秩序。"高祖说:"更改旧的礼仪,制定新的礼仪,会不会比较困难?"叔孙通回答说:"不。五帝的乐律不同,三王的礼制也不相同。礼制是依据时代、人情世俗的不同而增减损益的。我想采用古代礼制,同秦代的仪制相混杂来制订新的。"高祖犹豫了一下,说:"那就先试

平定天下后,功臣们没有规矩约束,喝酒时大喊大闹,刘邦对此感到十分厌恶。

叔孙通制成礼仪后，官员们上
朝时规矩多了，刘邦十分开心。

着制定一下，但要让人们容易理解，而且
只有我能做得到的才可以订上去！"叔孙
通满口答应了。

随即，叔孙通来到鲁地，征召到鲁地
的儒生三十多个人。有两人不肯随叔孙通
来，说："你事奉过将近十位君主，你都
当面奉承讨好，得到他们的亲近尊敬。现
在天下刚刚安定，死去的人还没有埋葬，
受伤的人还没有治好，又想制作新的礼、
乐。礼、乐的制作需要基础，要积累百年
之后才可以办得到。你现在这么做简直是
胡闹！你走吧，不要在这里玷污我们的道
德学识！"叔孙通听后笑了笑，便同所征

召的三十人向西进入关中。

叔孙通召集高祖近臣中有学问的人，
连同自己的弟子共一百多人，在野外演练
礼仪。一个多月后，叔孙通请高祖检阅。
高祖看了之后说："这些礼仪我能够比照
着做到。"于是下令臣子练习。

汉高帝七年（公元前200年）十月，
长乐宫建成了，诸侯臣下都来朝贺。在
黎明之前，谒者主持典礼，臣下依次进
入殿门，排在东西两侧。侍卫官有的
站在台阶两边，有的排列在殿廷中，都
手握兵器，打着旗帜。侍卫官高呼警戒
后，皇帝所坐的辇车才出房门。随即，
谒者引导诸侯王以下至俸禄六百石的官
吏，按照次序给皇上敬贺，这些人无不
肃敬惶恐。典礼完毕，礼官又摆设正式
酒宴。侍臣们陪坐在殿上，都弓着身，
低着头，依尊卑次序起身敬贺。频频敬
酒之后，谒者宣布宴饮结束。凡是不按
礼仪行事的人，御史便依法把他们带出
殿外。之后，直到整个朝贺礼仪完毕，
再没有人敢喧哗违反礼仪。高祖开心地
说："直到今天，我才知道做皇帝的尊贵
啊！"于是任命叔孙通为太常官，职掌宫
廷礼仪，并赏赐黄金五百斤。

实际上，叔孙通制订礼仪，只是对
秦朝的旧仪做了许多更改，但大多都是袭
用，上自天子的称号，下至臣僚称呼、宫
室名称、官名等，都没有做太大的变更，
只不过更加简易明了一些。

🍃 道理解读 🍃

中国历来重视次序和伦常，即所谓的"君君、臣臣、父父、子子"。司马光说，礼仪的功能太强
大了，它让一切行动有了规范，政令统治更加稳固，内外和谐融洽，各种制度也有了依照。

汉纪

诸吕之乱

汉高祖驾崩后，汉惠帝继位，太后吕雉开始擅权。汉惠帝七年（公元前188年）八月，惠帝驾崩，太子即皇帝位，因年幼，便由吕太后临朝行使天子权力。

吕后想封吕姓家族中的人为王，问右丞相王陵的意见。王陵说："高皇帝曾经杀白马跟大臣们饮血盟誓说：'不是姓刘而称王的，天下人要一起攻击他。'现在您要封吕姓中的人为王，就违背了白马之盟。"吕后听后不高兴，又问左丞相陈平、太尉周勃。他们回答说："高皇帝平定天下，封刘姓子弟为王；现在太后临朝

代理政事，封吕姓家族的人为王，没有什么不可以的。"随即，吕后就罢免了王陵的宰相之职。

太后追封她的父亲临泗侯吕公为宣王，哥哥武侯吕泽为悼武王，吕泽的长子郦侯吕台为吕王。到后来，吕氏封的王越来越多，逐渐引发了刘氏诸侯王的强烈不满。

吕氏刚把持国事时，年方二十的朱虚侯刘章对刘氏皇族受到压制十分愤恨。一次入宫侍候太后喝酒，刘章被任命为酒令官。刘章请求用军法来行酒令，吕后答应。过了一会儿，诸吕中有一个喝醉后悄

吕后大封吕姓家族为王，吕氏大臣都十分得意，刘邦的旧臣都暗自担心。

悄溜走了。刘章追上去，拔剑杀了他，回来对吕后说："有一人逃离酒席，我已按照行酒的军法把他杀了。"吕后与左右的人都很吃惊，但又没有办法怪罪他。自此以后，诸吕都十分害怕朱虚侯，大臣们于是开始依傍朱虚侯。

吕太后死后，吕姓家族准备发动政变，但畏惧大臣绛侯周勃、颍阴侯灌婴等人，不敢轻举妄动。朱虚侯刘章得知他们的阴谋后，暗中告诉齐王刘襄，想叫他发兵西讨，由朱虚侯、东牟侯充当内应，诛杀诸吕，立齐王为帝。

于是，齐王任命驷钧为相，魏勃为将军，征发齐国的全部兵力，同时送信给各诸侯王，列举诸吕的罪状，想要举兵诛讨。相国吕产等人听到这个消息后，就派灌婴带兵攻打齐王。灌婴到了荥阳，派使者告知齐王及诸侯，要与他们联合，等吕氏一旦叛乱，就共同诛讨。

吕禄、吕产想发动政变，但对内顾忌绛侯周勃、朱虚侯刘章等人，对外害怕齐国、楚国的军队，又担心灌婴背叛，便想等待灌婴军和齐军交战以后再发动，所以一直犹豫不定。

手无兵权的太尉周勃与丞相陈平私下谋划了一番，派人劫持了郦商，叫他的儿子郦寄去骗吕禄交出兵权。

灌婴和齐王联合诛杀诸吕的消息被吕产得知，陈平、周勃马上采取了措施。周勃从吕禄手中得到北军的指挥权后，在军中发布命令说："拥护吕氏的祖露右臂，拥护刘氏的祖露左臂！"军中将士统统祖露左臂，表示忠于刘氏。之后，周勃和陈平召来朱虚侯刘章，给了他一千多人。傍晚时分，刘章开始对吕产发动攻击，在郎中府的厕所中将他杀死，随即进入长乐宫，杀掉长乐卫尉吕更始。周勃等人又派人分头把诸吕男女统统抓起来，不论长幼一律处斩。随即，周勃派人捕获吕禄，将他斩杀。齐王得知诸吕平定的消息后罢兵。

诛灭诸吕后，大臣们又废掉了吕后所立的少帝，拥立代王刘恒为帝。

周勃等派人分头把诸吕男女统统抓起来，最后将他们全部杀掉了。

道理解读

诸吕之所以失败，一是他们本非刘氏正统，名不正，所以言不顺，缺少号召力；二是诸吕的功劳不大，却封赏很高，作威作福，没有群众基础；三是与陈平、周勃等人相比，诸吕的斗争经验欠缺太多。

飞将军李广守边

李广英勇善射，汉文帝时因为征战匈奴有功被封为散骑常侍。景帝、武帝时，李广先后任陇西、上郡、右北平（今辽宁凌源西南）等地太守。他一生与匈奴交战七十多次，被称为"飞将军"。

汉景帝后元元年（公元前143年）六月，匈奴攻入上郡。当时李广为上郡太守，曾带领百余名骑兵出行，遇到数千匈奴骑兵。匈奴骑兵看见李广一行如此几个人，以为是汉军诱敌的骑兵，都很惊慌，马上占据了一个高地摆开阵势。李广的百余骑兵也很害怕，想策马奔逃。李广说："我们离大军有几十里远，如果凭我们这百余骑逃走，匈奴骑兵肯定会追上射死我们。现在我们停留下来，他们一定会认为我们只是大军的诱兵，就不敢攻击我们。"李广反倒命令骑兵前进，到了离敌方阵地约二里地时停下，又下令说："都下马解鞍！我们解下马鞍表示不逃跑，会使他们更加相信我们是诱敌的骑兵。"果然，匈奴骑兵并不敢贸然攻击。有位骑白马的匈奴将领出阵，监护他们的军队。李广上马射杀白马将领后返回，又解下马鞍，放开战马卧地休

李广一箭射去，一个匈奴骑兵应声坠下马来。

息。这时正好已是黄昏，匈奴骑兵始终感到奇怪，不敢攻击。半夜时，匈奴骑兵以为附近有埋伏的汉军，准备利用夜晚袭击他们，就都引兵离开了。

汉武帝元光六年（公元前129年），匈奴入侵，李广战败，被匈奴活捉，最终还是逃脱了，回来后被废为庶人。次年六月，李广被再次起用，封为右北平太守。

汉武帝元狩二年（公元前121年）夏，卫尉张骞、郎中令李广从右北平出发，分路攻击匈奴。李广率两千骑兵先行，孤军走了约八百里，被四万匈奴骑兵包围。敌强我弱，看到部卒都很害怕，李广就令其子李敢率数十名骑兵飞马穿过胡人军营做个样子。李敢等人纵马驰骋一番后返回，向李广报告说："匈奴兵很容易对付！"军士们的情绪这才安定下来。李广随即布下圆形战阵，阵势向外。匈奴兵向汉军猛攻，箭如雨下，汉兵死亡过半，而匈奴兵的箭也快用完了。李广就命令士卒拉满了弓不要发箭，自己独自用强弓射死匈奴副将数人，匈奴兵的攻势顿时瓦解。这时已近黄昏，汉军将士都面无人色，而李广却神色自如。

汉武帝元狩四年（公元前119年），卫青率大军攻打匈奴，前将军李广与赵食其率领的东路军由于没有向导，在沙漠中迷了路，没能赶上与单于的交战。卫青派人责问二人，并命

李广的随从马上到大将军处听候传讯。李广说："我的部下没有罪，迷路的责任在我，我现在就去大将军处请罪。"李广对部下说："我李广从结发时开始，与匈奴打了大小七十多仗，这次有幸跟随大将军直接攻击单于部队，却又迷失了方向，难道这不是天意吗？况且我已经六十多岁了，实在不能再去面对那些刀笔小吏！"于是拔刀自刎而死。

李广为人廉洁，每次所得赏赐都全部分给了部下，平时与士卒们一同饮食，做了四十多年二千石官，家中却没有多余的财产。行军打仗在遇到困境时，如果发现水源，士卒没有喝够，他就不喝；士卒没吃饱，他就不吃。所以，士卒们都乐于受他的指挥。李广一死，全军上下无不痛哭失声。

李广曾经射虎，射中后才发现原来是一块石头，而箭头已经深深地射进去了。

汉 纪
霍光辅政

　　霍光是霍去病的弟弟，年轻时被哥哥带到长安，出入宫廷二十多年，为人稳重缜密，出外则陪同汉武帝乘车，入宫则侍奉在汉武帝的左右，从没有过什么闪失；金日磾在汉武帝身边几十年，也是一个非常忠厚而规矩的臣子；上官桀同样非常忠诚于武帝，这三个人都得到了武帝的信任。

　　太始三年（公元前94年），皇子刘弗陵出生，长到几岁时，非常聪慧，身材也十分粗壮。汉武帝非常宠爱他，并想立他为太子，但因他年纪太小，一直拿不定主意。

　　汉武帝认为光禄大夫霍光为人忠诚，可以委以辅佐重任，于是让黄门官画了一幅周公背负周成王接受诸侯朝见的图赐给他。几天后，汉武帝因担心以后刘弗陵的母亲钩弋夫人会像吕后那样擅权，便将她处死了。

　　后元二年（公元前87年）二月，汉武帝病危，立年仅八岁的刘弗陵为皇太子，任命霍光为大司马、大将军，金日磾为车骑将军，太仆上官桀为左将军，命三人受遗诏共同辅佐幼主。

　　十五日，太子刘弗陵即皇帝位。霍光、金日磾、上官桀三人共同执掌尚书事，负责主持朝政。

　　汉武帝时，上官桀就已位列九卿，但

汉武帝临死前，把年幼的刘弗陵托付给了霍光等人。

地位低于霍光。后来，上官桀不满自己地位低于霍光，便仗着自己和皇帝的血缘关系更亲近，与霍光争权。燕王刘旦没能继承皇位，常心怀不满。御史大夫桑弘羊自认为于国有功，想为其子弟谋求一官半职，霍光没有答应，因而对霍光满腹怨恨。于是，他们串通一气，想杀掉霍光，并一再指使人诬奏霍光谋反。但奏章上递后，看出其中奥妙的汉昭帝（仅14岁）却扣留不发。第二天早晨，霍光入朝，听说此事，不敢贸然进殿。汉昭帝下诏召他进殿。霍光进殿后，脱下帽子，叩头请罪。汉昭帝说道："将军请戴上帽子。朕知道这道奏章不是真的，将军何罪之有？"后来，呈递奏章的人果然心虚逃跑了，汉昭帝下令紧急追捕。之后上官桀的同党中有人诽谤霍光，汉昭帝马上怒斥道："大将军是忠臣，先帝托付他辅佐朕，谁胆敢再诽谤大将军，定惩不饶！"从此，上官桀等不敢再攻击霍光。

公元前80年，上官桀等密议谋反，想废掉昭帝，杀死霍光，却走漏了风声。九月，汉昭帝下诏诛杀上官桀、上官安、桑弘羊等人九族。燕王刘旦自缢而死。

元平元年（公元前74年），汉昭帝在未央宫去世，没有子嗣。上官皇后颁布诏书，派人将昌邑王刘贺迎到长安。

刘贺在封国内一向骄横跋扈，放荡不

有人恶意诽谤霍光，年少的汉昭帝严厉斥责了他们。

羁，继位后，毫无收敛，朝政十分败坏。霍光见此情景，忧愁烦恼，废黜了刘贺。不久，霍光又和群臣扶立了汉宣帝。

汉宣帝对霍光很是尊敬，霍光的权势更重，全家都很威风。后来，霍光的妻子为了让自己的女儿成为皇后，毒死了待产的许皇后。霍光知道后，惊讶之下，隐瞒了此事。

后来，霍光病死，家人骄奢淫逸不能自控，宣帝对霍家也开始逐渐疏远，一步步削减霍氏的权力。霍氏听闻宣帝已经知晓许后被毒死之事，惶恐不已，决定发动政变，事泄被满门抄斩。

❧ 道理解读 ❧

受人之托，忠人之事，做人要知进退，懂得节度。霍光受遗诏，辅佐昭帝和宣帝以及立、废昌邑王刘贺都出于公心，所以颇受后世颂扬。但霍氏位高权重，骄奢跋扈而不知处世进退之道，最终自取灭亡。

| 汉 纪 |

昭君出塞

自汉高祖以来，汉代为了和匈奴保持相对和平状态，多采取和亲的方式，把后宫宫女或者皇族中的旁系女子以公主的名义嫁给单于做妻子。

西汉后期，匈奴式微，内部纷争不已。汉元帝建昭三年（公元前36年），汉军攻灭郅支单于。汉元帝竟宁元年（公元前33年）正月，呼韩邪单于朝见元帝，希望能娶得汉女，使自己成为汉朝的女婿，汉匈两地能够世世代代友好下去。

元帝把后宫中一个良家女子王嫱赐给了呼韩邪单于。呼韩邪单于很高兴，上书说："我愿意替汉朝防守边塞，使上谷郡以西，直到敦煌郡四千多里地，都能永远顺从。"接着，他请求元帝撤去在边境上戍守的边兵，使人民得以休养生息。但是元帝和大臣们讨论后没有答应。

王嫱，字昭君，西晋时因为避司马昭的讳，而改称她为明君或者明妃。王昭君是南郡秭归（今湖北兴山）人，自幼熟读诗书，很有见识，不同于常人。

汉元帝继位后，沉迷于酒色，喜爱美

呼韩邪单于见到王昭君后十分开心，汉元帝却十分惊讶，因为他没有想到王昭君这么美丽。

丽的女子，招选了大量的民间美女充塞后宫。元帝因为妃子众多，不能一一亲自择选，便让宫廷画师摹绘各人的画像给他看，以美丑作为标准，来决定自己是否宠幸。

当时的画师因为有此便利，便开始向众位宫女索贿。但凡急于得到皇帝宠幸的，都给了画师不少好处，画师也把她们画得更加妩媚风韵。王昭君入宫不久，被召去让画师毛延寿画像。王昭君自负才貌俱佳，虽然毛延寿一再暗示索要贿赂，她就是不给。于是，毛延寿在画像上对她故意加以丑化，所以王昭君深居后宫多年也没有得到皇帝的宠幸。

王昭君千里迢迢来到寒冷的匈奴地区，为汉匈和好做出了贡献。

这次，呼韩邪单于求亲，从内宫中选宫女，颇识时务的王昭君便大大方方地主动应征，汉元帝当即应允。

王昭君临行前，汉元帝在朝堂上辞别她时，发现她并非丑陋不堪，而且还是一个绝世的佳人，十分后悔答应把她嫁出去。呼韩邪单于见王昭君如此美丽，欢欢喜喜地把她迎娶回匈奴。之后，汉元帝愤怒之下杀死了毛延寿。

王昭君离开长安时，文武百官一直送她到十里长亭。她怀抱琵琶，戎装乘马出塞。到匈奴后，呼韩邪单于封她为宁胡阏氏。昭君来到匈奴居住的草原之后，由于姿容丰美，仪态大方，通情识理，深得呼韩邪单于钟爱。王昭君一心一意帮助匈奴人民发展生产，匈奴人民都非常喜爱她、尊敬她。

和呼韩邪单于成婚一年多后，王昭君便生下了一个男孩，名叫伊屠智牙师，后来当了匈奴的右日逐王。婚后第三年，呼韩邪单于病死，子雕陶莫皋继任单于。按照匈奴的风俗，单于死后，其妾都应该下嫁给老单于的儿子，即继任的单于。受汉文化影响的王昭君因此一度请求回汉朝，最后受汉成帝敕令从"胡俗"，成了雕陶莫皋的一个妻子，并为他生了两个女儿。其中一个女儿继承了昭君的志向，为汉匈的修好做出了许多贡献。

🌿 道理解读 🌿

深明大义，牺牲个人利益，去成全一个大集体的利益，是十分高尚的行为。民族团结和融合是历史发展的大趋势，王昭君顺应了这一趋势，为汉匈两地的和平、文化交流和民族团结做出了贡献。

王莽篡汉

汉成帝时，皇太后有很多兄弟内侄，其中侄子王莽态度谦虚，勤学苦修，侍奉母亲跟寡嫂，抚养亡兄的孤儿十分尽心周到。同时，他在外结交豪杰之士，在内礼敬诸位伯父叔父。

大将军王凤病重时，王莽服侍他，亲口尝药，数月不解衣，蓬头垢面。后来，王莽的叔父成都侯王商以及当时的许多名流重臣，纷纷为王莽美言。成帝因而认为

王莽有才能，便封王莽为侯。王莽在宫廷谨慎小心，爵位越尊贵，为人越谦恭。他把自己的财物周济给门下宾客，家无余财。他收罗名士，结交很多大臣，因而许多官员轮番向皇帝举荐他，善游说的人也为他到处宣传。

元寿二年（公元前1年），汉哀帝驾崩，太皇太后任用王莽为大司马，主管尚书事务。太皇太后与王莽商量立嗣，立中山王刘箕子为皇位继承人。

王莽与董贤不和，他借机上奏董贤父子奢侈僭越，请求没收其家产入宫。之后，凡因董贤的关系做官的，一律被罢免。

王莽最初为人十分谦恭，把家财周济给别人，因而谁都说他好。

大司徒孔光名望很高，太皇太后对他也很尊重，于是王莽对孔光毕恭毕敬，甚至举荐孔光的女婿甄邯为侍中。王莽对自己所厌恶之人，都附会罗织罪名，写下弹劾奏章草稿，让甄邯拿给孔光，用太皇太后的意思暗示孔光。孔光胆小，只得以自己的名义呈递。然后王莽再向太皇太后陈述自己的建议，总能得到批准。

太皇太后的亲弟弟王立虽已不在官位，但王莽对他内心敬畏，害怕他在太皇太后面前影响自己，便指使孔光弹劾他。太皇太后不得已，只好遣王立回封国。

于是，攀附、顺从王莽的人，都得到提升；忤逆王莽之人，则被诛杀灭绝。王莽外表威严，言谈方直，想要做什么只略微做出一点暗示，底下的党羽就会按照其意上奏。有了封赏，王莽却叩头哭泣，坚持推让。用这种办法，他对上迷惑了太皇太后，对下向众人显示出自己谦恭可信。

后来，王莽逼死了孝成皇后、孝哀皇后。大司空彭宣不堪忍受王莽专权，辞职回到封国。

元寿二年（公元前1年）九月，汉平帝即位，时年九岁，太皇太后临朝听政，大司马王莽继续把持朝政。

汉平帝元始五年（公元6年），王莽又向平帝进献毒酒将其毒死。随后，汉宣帝玄孙刘婴被册立为皇子，号孺子，王莽摄政。王莽代行天子职权后，各地出现祥瑞，暗示王莽应做皇帝。王莽不管真假，对这些祥瑞一概欣然接受。

在准备正式即位当皇帝前，王莽先拿出各地祥瑞向太皇太后禀报，太皇太后开始惊慌起来。这时，孺子刘婴还没有正式即位，皇帝御玺仍放在太皇太后所住的长乐宫。王莽向太后索要御玺，太皇太后不肯给。王莽便让安阳侯王舜威逼太皇太后，从而取得传国御玺。

始建国元年（公元9年）正月初一，王莽即皇帝位。王莽亲自握着孺子刘婴的手，流着泪说："从前周公代理王位，最后能够把明君的权力归还周成王，现在我偏偏迫于上天的命令，不能如愿！"装模作样地悲伤叹息了很久。

王莽准备篡位，就向太皇太后索要传国玉玺，太皇太后这才发现自己一直被王莽蒙蔽着。

◈ 道理解读 ◈

知人知面难知心。真小人可怕，但伪君子更可怕，对伪装得很好的伪君子要多多提防。古人有云：周公恐惧流言日，王莽礼贤下士时；如是当时身先死，一生真伪有谁知。后人该引以为戒。

汉 纪
马援择君

王莽建立新朝后，采取了很多措施想改变内外颓势，结果适得其反，加剧了社会矛盾，各地起义不断，许多割据势力的首领纷纷自立，招揽豪杰志士。先后称帝称王的有刘玄、刘盆子、王郎、刘秀、公孙述等人。

建武元年（公元25年），隗嚣回到天水，召集部众，重整旧时功业，自称西州上将军。于是，三辅（今陕西关中地区）的士大夫大都前来归附。隗嚣热诚接待，像平民似的与他们相互结交，一时威名震动西部的几个州郡，闻名崤山以东。

马援年轻时家庭贫困，但志向很大。

他常对人说："大丈夫立志，穷困的时候应该更坚定，年老的时候应当更雄壮。"马援得知隗嚣礼贤下士，就去投奔他。隗嚣十分敬重马援，和他一起筹划决策。

建武四年（公元28年），隗嚣派马援前往成都打探公孙述的情况。马援和公孙述是同乡，关系很好。马援本以为到达之后，公孙述会像以往那样和他握手言欢，结果却是公孙述安排好警备后才请马援进入。双方行过礼过后，公孙述让马援出宫，到宾馆休息。之后，公孙述在宗庙中召集百官，动用了很大的排场，准备封马援为侯，并任命他为大将

公孙述动用非常大的排场，装模作样地接待马援，马援却认为他不能成事。

军。马援却认为公孙述不懂得迎接有才干的人共谋大事，却注重繁琐的细节，不能够长留有志之士，因而拒绝了。

马援返回后，对隗嚣说："公孙述不过是井底之蛙而已，却妄自尊大！我们不如一心跟东边的刘秀往来。"

于是，隗嚣派马援带着自己写给刘秀的信到洛阳去。这时刘秀已经称帝。马援到后，等了很久，才由中黄门引进。刘秀在宣德殿南面的廊屋里，衣着非常简单，坐在那里笑迎马援。刘秀对马援说："您在两个皇帝之间游历，今天见到您，使人深感惭愧。"马援谦虚了一下，说："现在的天下，不但君主选择臣子，臣子也选择君主。我和公孙述是同县的人，从小关系很好。我前些时候到成都，公孙述布置好戒备后才接见我。我今天远道而来，您怎么知道我不是刺客或奸恶的人，就这样平易地接见我？"刘秀笑着说："您不是刺客，只是说客而已。"马援："天下大局，反复不定，盗用帝王称号的人难计其数。今天我看见您恢宏大度，和高祖一样，才知道您是真正的天子。"

刘秀于是派人手持符节，送马援回到陇右。隗嚣向马援询问东方的情况，马援说："到了洛阳后，刘秀接见我几十次。每次接见，都和我一起闲谈，从晚上一直到天亮。他的聪明才智、勇气谋略，不是他人所能匹敌的。而且他心胸开阔，坦率真诚，没有隐藏，豁达而

刘秀很随便平和地接见了马援，两个人谈得很投机。

注重大节，和汉高祖很相像。他博读经书，政事处理得条理清楚，前世的帝王没有人可以比得上他。"隗嚣说："你认为他和汉高祖相比，怎么样？"马援说："高祖比较随便，而现在刘秀喜好处理政务，行动符合规矩，又不喜欢喝酒。"隗嚣说："要像你说的那样，皇上反而比高祖更高明了。"

不久，马援率自己的宾客一起归顺了东汉，并在以后统一全国和安定边疆的过程中立下了赫赫战功，被封为伏波将军，自己的女儿也嫁给了太子，后来做了皇后。

➤ 道理解读 ➤

　　良禽择木而栖，贤臣择主而侍。贤能的人要做英明的领导者的手下，才可以施展自己的理想和抱负；英明的领导者也必须有贤能的人来帮助，才能成就一番大事业。

|汉 纪|

光武中兴

建武元年（公元25年）夏，刘秀在河北即皇帝位，次年定都洛阳，建立东汉政权，后世尊称他为光武帝。

光武帝在位期间，采取一系列措施，恢复、发展社会生产，缓和西汉末年以来的社会危机。建武二年至十四年（公元26～38年），光武帝颁布了多道释放和保护奴婢的诏令。此外，光武帝还恢复了西汉较轻的田税制，实行三十税一；遣散地方军队，废除更役制度，组织军队屯垦；简政减吏，裁并四百多个县；赦免刑徒为庶民，用于边郡屯田；兴修水利。

建武十五年，光武帝下令度田、检查户口，加强朝廷对土地和劳动力的控制。刘秀命令全国各地的耕地面积自行申报，但多有失实的。各地的地方长官如刺史、太守借机投机取巧，胡乱以丈量土地为名，从中欺压百姓，甚至有的优待豪强，而侵害苛待百姓。

当时，各地州郡的属吏都来都城洛阳汇报当地耕地面积的测量情况。光武帝无意中发现陈留的木牍上隐约写着一行字："颍川、弘农可问，河南、南阳不可问。"光武帝追问陈留郡属吏，属吏支吾不敢回答。帷帐后十二岁的东海公插话说："这是郡守让郡属吏借机探听其他郡的耕地数目做比较。"刘秀问为什么河南和南阳不能问。东海公说："河南是都城所在地，宠臣比较多；南阳是皇帝老家，皇亲多。他们的土地都超过规定，所以这两地不能作为比较的依据。"刘秀顿时意识到各地测量和申报必然有猫腻。

随后，刘秀派使者切实考核郡守一级的官吏在测量申报耕地面积时的不公和不实的情况，一旦发现，统统治罪。大司徒被查出在以前做汝南太守时有不实之罪，被关进监狱。一千多人剃去毛发，向官府

经东海公提示，刘秀意识到各地测量和申报必然有猫腻，当下大怒。

刘秀为避免大臣专权，收回了大将的权力，赏赐给他们大量的财物，让他们享受优厚的待遇，而不参与朝政。

求情，有的甚至主动请求代死，刘秀却毫不动心。最后，有十多个郡守以上级别的官员下狱而死。

刘秀接受了西汉统治者的教训，竭力加强皇帝的权力，避免大臣专权。他以保全功臣的爵禄为名，收回了很多大将的权力，让他们以列侯的资格享受优厚的待遇，不让他们参与朝政，但是经常赏赐给他们大量的财物，刻意保护他们。因功而封侯的功臣中只有高密侯邓禹、胶东侯贾复等参与朝政。另外，光武帝还排斥三公，加重原在皇帝左右掌管文书的尚书之权，全国政务经尚书台总揽于皇帝；在地方上废除掌握军队的都尉。

此外，光武帝尽量依照法律行事。怀县豪族李子春的两个孙子杀了人，县令要求追究他们的不法行为，二人自杀。随即，县令以连带过错进而收捕了李子春，任谁求情也不成。李子春和皇族赵孝公交好，而赵孝公和刘秀的关系极为亲近。赵孝公病重，刘秀前来探望，他就哀求皇上帮忙放了李子春。刘秀说："官员奉行法律行事，我不能阿曲回护。"后来，刘秀还提升该县令为平原郡太守。

经过光武帝刘秀十多年精心治理，西汉后期至王莽时期残破的社会局面得以改观，经济有明显的恢复，政局也相对稳定。后世称这一时期为"光武中兴"。

道理解读

乱世之后，天下必然渴望治世的出现。要想改变乱世的弊病，必须爱护百姓，发展生产，加强中央的领导，破坏一些既得利益。同时在改革的过程中，不能为了私情而枉法，以保证政令的顺利施行。

|汉 纪|
十常侍之乱

东汉中期以来，皇帝多幼年登基，不谙时世，外戚常常把持大权，成为惯例。桓帝继位后，和中常侍宦官单超等人联手灭掉了擅权的外戚梁氏。自此之后，汉帝对内府宦官多有依赖，宦官正式开始涉政。汉桓帝末年，宦官与外戚交互倾轧，令朝政日坏，引起士大夫的强烈不满。结果，当权的宦官假借皇帝名义对反对自己的士人及年轻学生进行全面打击，造成了党锢之祸。

汉灵帝时，十常侍开始掌权，为祸朝纲。十常侍是指汉灵帝身边的张让、赵忠、封谞、段珪、曹节、侯览、蹇硕、程旷、夏晖、郭胜这十个宦官。他们贪赃枉法，残害百姓，陷害忠良，众多耿直的官员都被下狱或者罗织罪名处死。灵帝却对他们的话非常相信，一切劝谏杀死十常侍的话都听不进去，甚至将劝谏者下狱。十常侍则借机将其处死。此后，十常侍更加放肆，朝中许多大臣也纷纷阿附他们，十常侍的族人和宾客也都十分狂妄。他们一起买卖官爵，横征暴敛，朝堂上乌烟瘴气，民间则民不聊生。灵帝初，宦官侯览指使人诬告张俭结党，图危社稷，将上次的党锢也牵扯进去。汉灵帝准其奏，于是李膺、范滂等百余人被逮捕死于狱中。

中平元年（公元184年），黄巾起义爆发，汉灵帝任命皇后的哥哥何进为大将军，镇守京师重地，掌握军政大权。

汉灵帝非常宠信宦官，有人劝谏杀死十常侍，他就将劝谏者抓起来投进监狱。

而这时中常侍张让、赵忠、段等人都已经封侯，受到灵帝的加倍恩宠。灵帝还常对人说："张常侍就是我的父亲，赵常侍就是我的母亲。"张让等人勾通黄巾军的事情败露了，灵帝也竟然宽免了他们。有些耿介的大臣如吕强、向诩、刘陶等人，与十常侍不和，向灵帝陈述宦官的危害，就被十常侍逼死或逮捕处死。在各地起义风起云涌的时候，张让等人还在劝灵帝增加税赋，用以修建宫殿。

后来，职掌宫中军权的蹇硕十分忌惮大将军何进，一直想杀死他。中平六年（公元189年），灵帝病死，皇子刘辩继位，是为少帝，何皇后为太后，大将军何进主持政务。蹇硕和赵忠等人商议诛杀对他们威胁日重的何进，郭胜告密，蹇硕被杀。之后，宫中宦官和何进的矛盾已经激化到不是你死、就是我亡的地步。

袁绍是名门望族，坚决支持何进诛杀十常侍。他借窦武欲杀宦官不成反被宦官杀死的事例劝说何进，何进应允。何进于是进宫和何太后商议，何太后却庇护宦官，何进顿时没有了主见。袁绍进而劝他召集地方势力进军讨伐宦官。于是，各地势力借诛杀宦官的名义大肆抢掠。陈琳和曹操对如此做法非常不屑，觉得这样只会泄露行动计划，让宦官们做好准备，而惩处宦官，只需要一个刑狱官对宦官进行逮捕并加以审问就可以了。

而正当何进犹豫不决之时，已得知其计划的张让等人先发制人。一次，张让等人矫何太后诏，宣何进入宫，在宫殿前杀死了他，对外则宣称何进谋反被杀。在宫外等候何进的吴匡、袁绍、袁术等一听说何进被害，便率人冲入宫中，见宦官便杀，杀死了二千余人，赵忠等中常侍也没能幸免。

袁绍等围攻皇宫的时候，张让和段等人慌忙挟制少帝和陈留王出逃。途中，张让被逼投河自尽，其他随行宦官全部被杀死。至此，包括十常侍在内的宫中宦官被杀戮殆尽。以后数代，五百年内，再也没有出现宦官乱政的情况。

看到何进被宦官杀死了，袁绍等人就开始率兵围攻皇宫，见宦官就杀。

道理解读

眼睛被近臣蒙蔽了，君主就会愚昧地信任他们，任其为所欲为。当断不断，反受其乱。在和宦官的较量中，何进本来居于优势位置，但他胸无主见，做事优柔寡断，丧失了先机，反倒被宦官所杀。

汉纪

王允计除董卓

汉灵帝中平六年（公元189年）八月，何进召各地割据势力入洛阳诛灭十常侍，引发了更大的变乱。少帝和陈留王被宦官胁持，流落外地。

应召讨伐宦官的董卓率人赶赴洛阳，路上正好遇到少帝和陈留王。少帝看见董卓率兵来到，害怕得哭了起来。董卓与少帝、陈留王交谈，发现陈留王思路清晰，口齿伶俐，远胜少帝。董卓十分高兴，认为陈留王贤能，并且是董太后养育的，于是有了废立少帝的念头。

董卓刚进京城时，步兵骑兵不过三千，自己嫌兵力太少，担心不能使远近慑服，就大约每隔四五日夜里偷偷地派出近一营兵士，第二天早晨再大张旗鼓地开回来。不久何进及弟弟何苗的部队都归属于董卓，董卓又暗中指使执金吾丁原的部下司马、五原人吕布杀了丁原，吞并了他的部队，董卓的兵力因此大盛。

之后，在少帝废立问题上，董卓特强和袁绍发生了争执，袁绍拔刀抗争。事后，袁绍跑回冀州（今河北及其附近一带），董卓更霸道了。

九月，董卓召集百官，商议废帝，在座者都害怕董卓而不敢不顺从。尚书卢植独自出言反对，险些被杀，便逃跑隐居了。

随即，董卓胁迫太后下令废少帝为弘农王，立陈留王刘协为皇帝，是为汉献

董卓掌权后，非常凶残霸道，肆意掳掠良家女子，劫掠财物。

帝。何太后哽咽流泪，大臣们也都心怀悲切，但没有人敢说话。过了不久，董卓又派人用酒毒死了何太后。

董卓一旦专权，掌握国家的军队和府库后，便开始作威作福。他的亲族都被安排在重要位置上，甚至侍妾所生的儿子还在怀抱里的时候就被封作侯。董卓所用车服与皇帝一样，他手下的士兵在京城里肆意烧杀抢掠，民怨沸腾。董卓势力强大，外地的割据势力也不敢轻易进攻他。因为董卓性情残暴，随意杀人，朝中大臣开始人人自危。

司徒王允与黄琬、孙瑞、杨瓒等密谋除掉董卓。中郎将吕布精于骑射，力气超人。董卓害怕遭到暗害，无论到什么地方，都常常让吕布做随从侍卫，对他非常宠信，发誓说情同父子。但是，董卓性情刚愎，为一件不合心意的小事，拔出手戟掷向吕布。吕布赶紧跑开了，却因此暗中怨恨董卓。后来，吕布因与董卓的侍女私通，心中越发不安。

王允一向待吕布很好，吕布见王允时，说出自己几乎被董卓所杀的事情，于是王允将诛杀董卓的计划告知吕布，并建议他做内应，吕布当即答应了。

初平三年（公元192年）四月，汉献帝在未央殿大会群臣。董卓乘车入朝，自军营到皇宫的道路两侧安排满了警卫，由吕布等在前后侍卫。吕布让同郡人、骑都尉李肃与勇士秦谊、陈卫等十余人身穿卫

董卓大喊吕布救命，吕布应声出来，一矛刺死了董卓。

士的服装，冒充卫士，埋伏在北掖门以待董卓。董卓一进门，李肃举戟便刺，董卓内穿铁甲，未能刺入，只伤了手臂，跌到车下。董卓惊慌之中回头大喊："吕布何在？"吕布跳出来说："奉皇帝诏令，讨伐贼臣！"手持铁矛将他刺死。

吕布即刻从怀中取出诏书，命令官兵们说："皇帝下诏，只讨董卓，其他人一律不问。"董卓手下的官兵们听后都立正不动，高呼万岁。百姓买酒买肉，载歌载舞，以示庆祝。董卓一家被族灭。董卓的尸体被拖到市中示众。董卓身体肥胖，看守尸体的官吏便做一灯捻，放在董卓的肚脐上点燃，就这样一连烧了几天。

❧ 道理解读 ❧

打击敌人，一个高明的策略就是从敌人内部发动攻击。董卓奸诈，但不知道自己信任的吕布已经被王允策反，在被刺死的一瞬间，可能还不明白他为什么背叛自己。恶人的下场本来就该这样。

|汉 纪|

挟天子以令诸侯

汉建安元年（公元196年），献帝逃出长安（今陕西西安西北）后，在韩暹、杨奉等人的护送下，回到东都洛阳。曹操当时在许都（今河南许昌），打算迎接献帝，但手下认为崤山以东还没有平定，韩暹、杨奉等人又仗着护驾有功，骄横跋扈，难以制服，因而都加以反对。唯独谋士荀彧认为："以前，晋文公重耳迎纳周襄王，各国一致推举他为霸主；汉高祖为义帝发丧，身穿孝服，使得天下百姓诚心归附。皇上流亡在外以来，将军首先倡导兴起义军。如今，皇上返回故都，但是洛阳荒废，忠义之士都渴望能保全根本，百姓们也怀念着皇室的安危。现在趁着这个大好时机，奉迎天子以顺从民心，是最合乎时势的行动。如果不及时做出决定，等到别的豪杰生出了这样的念头，以后再后悔，就来不及了！"于是，曹操决定派人前往洛阳。曹操先是派遣扬武中郎将曹洪率军往西，到洛阳迎接献帝。但是董承等人扼守险要阻拦，曹洪不能前进。

议郎董昭认为杨奉的兵力最强盛，只是缺少同伴援助，就假冒曹操的名义写信给杨奉，对杨奉做了一番吹捧，表示愿意和杨奉一起互相帮助，保卫汉献帝。杨奉接到信后十分高兴，对将领们说："兖州刺史曹操的军队，近在许都，有兵有粮，朝廷正应当仰仗他们的支援。"于是，众人联名上表，推荐曹操担任镇东将军，并承袭他父亲曹嵩的爵位费亭侯。

韩暹凭借护驾的功劳，专横放肆，董承对他也非常不满，就暗中派人征召曹操。曹操亲率大军到达洛阳后，向汉献帝奏报韩暹等人的罪过。韩暹害怕被杀，单人匹马投奔杨奉。献帝因为韩暹等人护驾有功，下诏不加追究。

八月十八日，献帝下诏，让曹操兼任司隶校尉、录尚书事。之后，曹操处罚有罪之人，诛杀尚书冯硕等三人；奖赏有功之臣，封卫将军董承等十三人为列侯；表彰死

谋士荀彧认为机不可失，建议曹操迅速采取措施，迎接汉献帝到许昌。

难烈士，追赠射声校尉沮俊为弘农太守。

曹操请来董昭，问他说："现在我已经到了洛阳，下一步该采取什么措施？"董昭说："将军发起义兵，讨伐乱臣贼子，入京朝见天子，辅佐王室，这是春秋五霸一般的功业。洛阳的各位将领，心中打算各不相同，未必肯服从将军的调遣。现在如果留在洛阳辅佐朝政，情势上会有很多不利因素，最好的办法是请天子移驾到许都。但是天子流离在外，已经很久了，现在刚刚回到旧都，远近之人都盼望从此能够安定。如果再要移驾，倒不符合人心。不过，要做不同寻常的事，得采取不同寻常的手段。我希望将军衡量利弊，做出最佳的选择。"曹操说："这正是我本来的打算。只是杨奉就在附近的梁地，听说他军队强盛，难道他不会成为我的障碍？"董昭说："杨奉缺少同党，没有外援，所以是真心与将军联合。您应该不时派遣使者，带上厚礼前去表示谢意，让他安心，并告诉他迁都的理由，就说：'洛阳没有军粮，想让献帝暂时移驾鲁阳。鲁阳靠近许都，运输较为方便，可不必担心军粮匮乏。'杨奉虽然作战勇猛，但缺少计谋，一定不会怀疑。在使者往来过程中，我们的大事早都办成了，他怎么能成为您的障碍呢？"曹操听后大喜，立即派使者去见杨奉，按计策行事。二十七日，献帝车驾出辕关，向东进发，迁都许都，任命曹操为大将军，封武平侯。

自此之后，曹操对内以武力挟持朝廷，对外以天子名义号令诸侯，四方征讨，抢下了大片的江山，为以后曹丕代汉奠定了牢固的根基。

汉献帝到了许都后，曹操做了大将军，控制了朝政，开始以天子的名义号令诸侯。

道理解读

旗帜和榜样的力量是无穷的，汉献帝就是一面大旗。英明的曹操善于听从谋士的建议，将汉献帝迎接到许都，取得了政治优势，给自己树立了民望，增强了号召力，在与群雄争霸中抢得了先机。

汉纪
官渡之战败袁绍

曹操逐渐强大起来之后，和袁绍之间的矛盾开始激化。汉献帝建安五年（公元200年），袁绍率军杀向许都（今河南许昌），曹操进军官渡（今河南中牟东北）抵抗。

袁绍驻军在阳武。监军沮授劝袁绍说："我军数量虽多，但战斗力比不上曹军；曹军粮草短缺，军用物资储备比不上我军。我们应当作长期打算，拖延时间，打持久战。"袁绍没有听从。

十月，袁绍派大批车辆运粮草，让大将淳于琼等率领一万余人护送，囤驻在袁绍大营以北四十里处。沮授劝袁绍说："可分派一支部队在运粮队的外围巡逻，以防万一曹操派军袭击。"袁绍不听。

谋士许攸说："曹操兵力很少，而集中全力来抵抗我军，许都由剩下的人守卫，防备一定空虚。我们倘若派一支队伍轻装上阵，连夜奔袭，就可以攻克许都。占领许都后，我们就奉迎天子以讨伐曹操，一定能够捉住曹操。"袁绍不同意，说："我一定要先捉住曹操。"正在这时，许攸家里有人犯法，留守袁绍根据地邺城的审配将他们逮捕，许攸知道后大怒，转而投奔了曹操。

曹操听说许攸前来，来不及穿鞋，就光着脚出来迎接他。许攸对曹操说："袁军势力强大，您有什么办法对付他？现在还有多少粮草？"曹操说："我的粮草还可以支持一年。"许攸逼问说："没有那

曹操听说许攸来了，来不及穿鞋，光着脚就跑出来迎接他。

么多，再说一次。"曹操又说："可以维持半年。"许攸说："难道您不想击破袁绍吗？为什么不说实话呢？"曹操说："刚才只是开玩笑罢了，其实只可应付一个月。我应该怎么办？"许攸说："您孤军独守，外部没有救援，而粮草也快用完了，这是危急的关头。袁绍有一万多辆辎重车囤放在故市（今河南封丘西北）、乌巢（今河南延津东南），守军戒备不严密，倘若派轻装部队袭击，出其不意，烧掉他们的粮草与军用物资，不超过三天，袁军就会不战而自败。"

曹操大喜，于是亲自率领五千精兵出击。曹军全部冒用袁军的旗号，兵士嘴里衔着小木棍，把马嘴绑上，以防发出声音；夜里从小道出营，每人还抱一束柴草。经过的路上有人盘问，曹军就回答说："袁公害怕曹操袭击后方辎重，派兵去加强守备。"听的人信以为真，全都毫无戒备。到达乌巢后，曹军围住袁军辎重，四面放火，袁军营中顿时大乱。

袁绍得到曹操袭击淳于琼的消息后，马上派遣大将高览、张郃去攻打曹军大营。张郃请求先去救援淳于琼，谋士郭图坚持要先攻曹操营寨。张郃说："曹操营寨坚固，一定攻不下来。倘若淳于琼失败了，我们就完了。"但袁绍不同意他的意见，只是派少量兵马去援救淳于琼。

袁绍增援的骑兵到达乌巢。曹军士兵都拼死作战，大败袁军，斩杀淳于琼等，烧毁袁军全部粮草，把一千余名袁军士兵的鼻子全都割下，又把所俘获的牛马的嘴唇、舌头也割下，拿给袁绍军队看。袁军将士看到后，极为害怕。

郭图因自己的计策失败，心中羞愧，就又去袁绍那里诬告说："张郃听说我军失利，幸灾乐祸。"久攻曹营不下的张郃听说后，又恨又怕，就与高览烧毁了攻营的器械，前去曹营投降。

这时，袁军惊恐万状，全面崩溃。袁绍与袁谭带领八百名骑士渡过黄河逃走。袁军残部投降，曹操把他们全部活埋了，先后共杀死了七万余人。

曹操亲自率兵围住袁军的辎重粮草，指挥手下四处放火。

|汉 纪|
三顾茅庐

琅琊人诸葛亮寄居在襄阳隆中，经常把自己比作古时的贤人管仲和乐毅，但当时人们并不承认，只有颍川人徐庶与司徒崔烈之子崔州平认为的确如此。

西汉中山靖王刘胜的后裔、涿郡人刘备，幼年丧父，家境贫寒，和母亲一起靠贩卖草鞋为生。刘备相貌非凡，双手下垂时可以超过膝盖，耳朵很大，连自己都能看得到。他胸怀大志，喜怒不形于色。他曾经和公孙瓒一起在卢植门下学习儒家经义，因此一度投靠公孙瓒。

后来，刘备与田楷一起夺取青州，建立了战功，被任命为平原相。刘备年轻时与河东人关羽、涿郡人张飞交情深厚，这时便委任他们两人为别部司马，各自统领部队。他与这两个人同床而眠，情同手足，在大庭广众之中，关羽和张飞整天站在刘备身边侍卫。他们跟随刘备应付周旋，从不畏艰险。

刘备曾经投靠袁绍，后来离开袁绍投奔荆州刘表，屯住在新野（今河南新野南）。在此期间，刘备礼贤下士，向襄阳人司马徽询访人才。司马徽向来以识人见长，对刘备颇有好感，便对他说："一般的儒生与修士，怎么能认清时务？能认清时务的，只有俊杰之士。襄阳这个地方就有卧龙与凤雏可称得上是俊杰。"刘备问是谁，司马徽说："就是诸葛亮与庞

司马徽向刘备推荐诸葛亮和庞统，刘备听了，对二人十分神往。

统。"后来，徐庶在新野县拜见刘备，刘备十分器重徐庶。徐庶对刘备说："诸葛亮是卧龙，将军愿意见他吗？"刘备说："请你带着他一起来吧。"徐庶说："这个人，您只可以去拜见他，不能够召唤他来。将军应当屈驾前去拜访他。"

刘备亲自前去拜访诸葛亮，一共去了三次，前两次诸葛亮都避而不见。刘备于是愈发谦恭，请诸葛亮出山的态度更加坚决，也更加诚恳。第三次去，刘备终于见到诸葛亮。刘备斥退了身边的人后，对诸葛亮说道："汉朝王室已经败落，奸臣窃权占据朝政大权，我自不量力，打算为天下伸张正义，但因智谋短浅，以至于遭受挫折，才落到今天这个田地。但我的雄心壮志仍然没有停止，你认为我今后应当如何去做？"

诸葛亮向刘备客观分析了当下的形势，指明了以后的发展方向，刘备茅塞顿开。

诸葛亮说："如今，曹操已经拥有百万大军，挟持天子以号令天下诸侯，在这种情况下，我们确实不可与此人争锋。孙权家族已经先后有三代人占据江东，该地地势险要，民心归顺，贤能人才都为他效力。所以，我们可以与其联盟，却不能够算计他。荆州地区，北方以汉水、沔水做屏障，南方直通南海，东边连接吴郡、会稽，西边可通达巴郡、蜀郡，正是用武之地，但主人刘表却不能据守，这大概正是上天用来资助赐给将军的吧。益州四边地势险峻，当中有沃野千里，是天府之地。益州牧刘璋昏庸无能，益州虽然百姓富足，官府财力充足，刘璋却不知道珍惜，那里的智士贤才都期盼能有一个圣明的君主。将军既是汉朝王室的后裔，又以信义闻名于天下，如果能占有荆州与益州，据守要塞，安抚戎、越等族，与孙权结成联盟，对内修明政治，对外观察时局变化。这样，就能建成霸业，复兴汉朝王室了。"刘备大喜，说："太好了！"

从此，刘备与诸葛亮的情谊越来越深。关羽和张飞于是不高兴，刘备便对他们解释说："我有了诸葛亮，就像鱼儿有了水，希望你们不要再多话了。"

❧ 道理解读 ❧

选择人才，还要尊重人才，这样才能使人才为我所用。周文王请姜尚、燕昭王设黄金台，都是用很隆重的礼节聘请贤臣，可以说诚意非常足。刘备三顾茅庐，其诚意可与周文王和燕昭王相比。

|汉纪|

赤壁之战

建安十三年（公元208年），割据荆州的刘表去世。东吴将领鲁肃认为，荆州险固富足，是成就帝王基业的基础；刘表死后，荆州内部不和；刘备是个英雄人物，却委屈在那里不得志；而曹操准备率大军南下，夺取荆州等地。于是，鲁肃请孙权派自己去荆州吊丧，并慰劳荆州军中的主要将领，借机劝说刘备，共同抵抗曹操。孙权当即应允。

鲁肃还未到达，刘表的幼子刘琮已经向曹操投降，刘备已经向南撤退。鲁肃便直接前去长坂（今属湖北当阳）拜见刘备，向他转达了孙权的意图，并与之商讨天下大事。鲁肃劝说他："孙将军仁慈英明，江南的英雄豪杰都归附了他，现在已占有六郡的土地，兵精粮多，足以成就

一番事业。如今为您打算，最好是派遣心腹到江东去与孙将军联络，可以共同创建大业。"刘备听后非常高兴。鲁肃又借机和刘备的得力谋士诸葛亮交上了朋友。之后，刘备采纳鲁肃的建议，进驻鄂县的樊口。

这时，曹操已经从江陵（今属湖北荆州）出发，准备沿着长江东下，情势对刘备来说非常危急，诸葛亮就要求和鲁肃一起去拜见孙权向他求救。诸葛亮在柴桑（今江西九江）见到孙权，以激将法说服孙权联刘抗曹。由于许多部下慑于曹操的强大而表示反对，孙权一时拿不定主意，便召来重要将领周瑜商议，得到坚决支持。

曹操的军队不擅长水战，在船上站不住，曹操于是下令把战船连接起来。

孙刘联军利用火攻，大败曹操，曹军死伤无数。

当天夜里，周瑜又去拜见孙权，说："众人只听说曹操有水、陆军八十万而各自惊恐，不再去分析其中的虚实，就建议向曹操投降，太没有见识了。现在咱们据实计算一下，曹操所率领的中原部队士兵不过十五六万人，而且长期征战，早就疲惫；新接收的刘表的部队，至多只有七八万人，而这些人仍然怀有疑心。以疲惫患病的士卒，驾驭心怀猜疑的部众，人数虽多，却并没有什么可怕的。我只要有五万精兵，就能够制服敌军，望将军不要顾虑！"孙权拍着周瑜的背说："你说到这个地步，十分合乎我的心意。不少人怀有私心，令我非常失望。只有你、鲁肃和

我的想法不谋而合，这是上天派你们两个人来辅佐我。五万精兵一时难以集结，已精选了三万人，战船、粮草及武器装备都已备齐，你和鲁肃、程普带领部队先行，我当继续调集人马，多运辎重、粮草，作为你的后援。如果你能战胜曹军，就当机立断；如果失利，就退到我这里来，我会和曹操决一胜负。"于是，孙权任命周瑜、程普为左、右都督，率兵与刘备齐心协力迎战曹操；又委任鲁肃为赞军校尉，帮助筹划战略。周瑜大军与曹操在赤壁（今湖北嘉鱼东北）相持。刘备驻军樊口，看到了东吴的船队，便乘船去见周瑜，发现周瑜治军有道，十分高兴。

当时曹操的部队中已发生疾疫，军心不稳。两军第一次交战，曹军失利，退驻到长江北岸，周瑜等则驻军在长江南岸。周瑜部将黄盖看到曹操的战船逐只相连，便向周瑜建议，趁自己诈降曹操之机，火攻曹军。周瑜同意。

黄盖诈降那天，天刮起了猛烈的东南风。到了江心，黄盖命令将随同的战船拉起帆来。曹操和军中的官兵都站在营外观看，指着说黄盖投降来了。看着离曹营比较近了，黄盖命令将所有战船点起火，向箭一样冲向曹军的战船，一举将其烧得精光，连岸上的帐幕都烧着了，曹军被烧死和淹死的不计其数。刘备和周瑜水陆两军齐进，一路追杀，曹操只好败退北方。

道理解读

识时务者为俊杰。鲁肃看清了江南大势，所以劝说偏居一隅的孙权联刘抗曹；孙权善于纳谏，决断英明；周瑜对军情的认识非常到位，握有胜算；刘备和诸葛亮借机联孙抗敌。这五个人都识时务，都是俊杰。

|汉 纪|
关羽大意失荆州

刘备入川后，留下大将关羽驻守荆州，和东吴相持。关羽威猛善战，向来骄傲，看不起东吴。孙权曾向关羽讨回暂借给刘备的荆州，被关羽蛮横拒绝，为此受过不少窝囊气，但都忍住了，内心却十分不满。汉建安二十四年（公元219年），关羽率军围攻樊城（今湖北襄樊），利用大雨后汉水暴涨之机，大举进攻，降服了于禁，俘虏并杀死了庞德，一时威震天下。

关羽势力大增，愈发骄横，威胁到东吴的安全。之前不久，关羽曾经无礼拒绝了孙权为儿子向关羽女儿的求婚，孙权很

生气。这时，关羽见军队粮食供应不上，便擅自取走了孙权湘关粮仓的存粮。孙权异常愤怒，接受吕蒙和陆逊的建议，派吕蒙暗中进攻关羽。而陆逊代替吕蒙任左都督后，给关羽送去了大量礼物，还写信给关羽，在信中伪为谦恭，极力歌颂关羽的功绩，目的是让骄傲自大的关羽小看东吴，抽调荆州防军，从而使吕蒙可以乘虚而入。关羽果然很是得意，不再对东吴有疑心，放松了戒备，撤离了防守军队。

随即，孙权写信给曹操，要求他讨伐关羽，为朝廷效力，并请求不要泄漏这个消息，而让关羽有所防范。曹操手下谋士董昭却说："我们可以答应孙权为他保

看到陆逊送来了大量礼物，信中的言词也十分恭谨，关羽十分得意，放松了警惕。

密，但暗中将消息透露出去。关羽听到孙权要进攻他，如果退兵自保，那樊城的包围就解除了。如果保守秘密而不泄露，正好让孙权得志。再说，被围困的将士不知道有救兵，看看城中粮食就快吃完，估计难以坚守，一定会惊慌不安，万一生出投降的想法，那我们的损失就大了，所以还是透露出去的好。况且关羽为人强悍，自恃江陵、公安两座城池防守坚固，得到消息也一定不会立即退兵。"

曹操于是立即让前去解围的徐晃将孙权的书信用箭射入被围的城中以及关羽的军营。围城里的将士得到书信后，士气顿时大盛，而关羽见信后果然犹豫不决，并没有撤兵回去。

关羽在围头和四冢都有驻军。前来支援樊城的徐晃扬言进攻围头，却秘密攻打四冢。关羽见四冢危急，亲自率兵接应，被徐晃击败，逃回大营。徐晃率军紧追不舍，再败关羽。关羽只好撤除包围圈，率军退走。

东吴方面，吕蒙先是到达浔阳，把精锐士兵都藏在普通的船中，让百姓摇橹，官兵都穿着商人的衣服，日夜兼程，一路上将关羽设置的江边岗哨全都捉了起来，所以关羽对吕蒙的行动一无所知。

公安、南郡守将糜芳、傅士仁负责为关羽供应军需物资，没有能全部按时送到，关羽因此扬言要治他们的罪，二人都非常害怕。吕蒙到达后，先后劝降了傅士

关羽从麦城逃走，又中了东吴的埋伏，最后被活捉斩首。

仁和糜芳，占领了荆州最重要的公安、南郡两地。

关羽得知南郡失守后，立即向南撤退。关羽曾多次派使者与吕蒙联系，吕蒙每次都厚待关羽的使者，允许他们在城中各处游览，并向留在城中的关羽部下亲属表示慰问。使者返回后，关羽部属私下向他们询问家中情况，尽知家中平安，因此都无心再战了。关羽自知处境孤独，陷入绝境，便向西退守麦城，而后弃城逃走。手下士兵们也全都逃散，只有十几名骑兵跟随他。关羽和他儿子关平逃到章乡时，被东吴军队擒获并斩首。

从此，孙权占领了整个荆州地区，刘备的实力大为削弱。

| 魏 纪 |

陆逊火烧连营

关羽被杀后，刘备十分恼怒，不顾赵云等人的劝阻，固执地要攻打东吴。东吴赶紧派诸葛瑾等求和，刘备不许。魏黄初三年（公元222年），刘备从秭归出兵，率军进攻东吴。治中从事黄权进谏说："吴人剽悍善战，而我们的水军顺长江而下，前进容易，撤退困难。我请求充当先锋，向敌人发动进攻，陛下您应该在后方坐镇，这样可以保证我们能够取胜。"刘备没有听从，反而任命黄权为镇北将军，让他统领长江以北各路蜀军，自己则率领军队，从长江以南翻山越岭，驻扎在夷道的猇亭（今湖北宜都北）。

东吴的将领都想迎击蜀军，大都督陆逊却说："刘备率领大军沿长江东下，锐气正盛，而且凭据高山，扼守险要，很难一下子攻取。即使攻击成功，也很难把他们完全打败。而如果进攻失利，将会损害我们的整体布局。现在只需暂且鼓励将士，运用各种谋略，等待形势的变化。蜀军沿着山岭行军，兵力无法展开，自己就已经被草木山石所牵制。等他们筋疲力尽时，我们再伺机而动就可以大获成功了。"将领们不理解陆逊的心意，都以为陆逊惧怕刘备大军。

蜀军从巫峡建平直到夷陵（今湖北宜昌东南）附近，一连修筑了几十座

陆逊迟迟不肯迎战蜀军，是想观察刘备的动静，当看到刘备扎下连营后，觉得机会来了。

营寨，以冯习为大都督，张南为前军都督。从正月开始，蜀军与吴军对峙，到了六月，还没有决战。刘备于是命令吴班率领几千人在平地扎营。吴军将帅都要求出击，陆逊说："这里一定有诡计，我们先观察一下。"刘备知道他的计策没有效果，只好让埋伏的八千人从山谷里出来。

闰六月，陆逊向蜀军的一座营寨发起进攻，战斗最终失利。将领们都说："白白损失兵力了！"陆逊却说："我已经知道破敌的办法了。"

随即，陆逊命令士兵每人拿一束茅草，点燃后用火攻，从而将蜀军的一座营寨攻克。然后陆逊命令各支军队用这个办法同时发起进攻，攻破蜀军营寨四十几座。蜀汉将领杜路、刘宁等人走投无路，只好向吴军投降。

刘备逃上马鞍山，环绕自己布置兵力以抵抗吴军。陆逊则督促各路军队，从四面压缩。蜀军最后土崩瓦解，战死一万多人。在身边将士的拼命护救下，刘备连夜逃走，蜀军的船只、器械，水、陆军队的军用物资，全部损失殆尽。蜀军的尸体布满长江江面，顺流而下。黄权被东吴切断了退路，无奈之下投降了魏国。后来，刘备逃到白帝城（今四川奉节东），在那里一病不起，并最终病逝在那里。

大败刘备后，先前对陆逊的计谋有疑问或者不理解的将领，纷纷表示佩服，陆逊对此毫不计较。刘备逃到白帝城后，吴军将领强烈要求继续攻打，但陆逊担心曹魏从后面偷袭而没有允许。

当初，魏文帝曹丕听说蜀军树桩立栅，营寨相连七百多里，就对他的大臣们说："刘备不懂打仗，哪有营寨相连七百里还能与敌人对峙的？兵法说：'在杂草丛生、地势平坦、潮湿低洼、艰险阻塞等处安营的军队，一定会被敌人打败。'这是兵家大忌。孙权报捷的奏文，很快就要到了。"七天后，吴军大破蜀军的捷报果然送到了。

刘备战败时，法正已经去世。诸葛亮叹息说："如果法正还在的话，一定能够坚持劝说阻止主上东征；即便东征，也不会落到如此地步。"

陆逊指挥四处放火，连续攻克了四十多座营寨，大破蜀军。

| 魏 纪 |

诸葛亮挥泪斩马谡

魏太和二年（公元228年）春，诸葛亮将要攻打魏国，和部下众人商量这次军事行动。丞相司马魏延主动请命说："请给我五千人的精锐部队，带着五千人口粮，直接从褒中出发，沿着秦岭向东，到子午道后折向北方，用不了十天工夫，可以抵达长安。听说镇守长安的安西将军夏侯楙是魏帝的女婿，此人胆怯而没有智谋，听说我突然来到，一定会弃城逃走，那么长安城中就只有御史、京兆太守了。横门粮仓的存粮以及百姓逃散剩下的粮食，足以供给我军继续待在那里驻守，而魏国在东面集结起军队，还需要二十多天的时间。在此期间，您率大军从斜谷出来，完全可以到达长安。这样，我们就可以一举而平定咸阳以西的地

区了。"诸葛亮认为这是危险且不妥的计策，不如安全地从平坦的路上出去，可以稳稳当当地取得陇右地区，那样有百分之百的把握取胜而不会有失，所以最终没有采用魏延的计策。

诸葛亮扬言从斜谷道攻取郿城，命令镇东将军赵云、扬武将军邓芝充当疑兵，据守箕谷。魏明帝派遣曹真都督关右地区各军驻扎在郿城。诸葛亮亲自统率大军进攻祁山，军阵整齐，号令严明。于是，天水、南宁、安定等郡都背叛魏国而响应诸葛亮，关中地区受到巨大震动。魏明帝于是亲自率领步兵骑兵五万，派右将军张郃监军事务，向西进军抗击诸葛亮。

曾任太守的马谡是已故蜀汉名臣马良的弟弟，才干过人，喜欢谈论兵法，诸葛亮十分赏识器重他。刘备临终前对

魏军从山下冲杀上来，马谡指挥的蜀军不能抵挡，四散败逃。

诸葛亮说："马谡言过其实，不能重用，你要慎重！"诸葛亮不以为然，后来任命马谡为参军，经常召见他，从白天一直谈到夜晚。等到出兵祁山，诸葛亮不派旧将魏延、吴懿为先锋，而命马谡统帅各军在前，和张郃在街亭（今属甘肃天水）交战。

马谡违反诸葛亮的指挥调度，军政措施冗繁，放弃有水之地上山驻扎，而不在山下据守城池。深谙战争之道的张郃马上派兵断绝了马谡的取水通道，进而率兵出击，大败马谡，蜀军士卒四处溃散。

诸葛亮为了严肃军纪，虽然十分不忍心，但最后还是杀了马谡。

诸葛亮想发动进攻却没有地方驻军，只好掠取了西县一千多家百姓回到汉中。马谡败回后，诸葛亮追究他的责任，将他收捕入狱，进而斩了他。诸葛亮亲自前去吊丧，为他痛哭流涕，之后自己抚养马谡的子女，与往常一样恩待他们。长史蒋琬对诸葛亮说："当初楚国杀了得臣，晋文公喜形于色。现在天下没有平定却杀死智谋之士，这难道不很可惜吗？"诸葛亮哭泣着回答："孙武之所以能在天下克敌制胜，是执法严明。如今四海分裂，战争才刚刚开始，若破坏法令，用什么来讨伐敌贼呢？"

马谡没有战败时，裨将军巴西人王平多次规劝马谡，马谡没能听从。等到街亭战败，汉军全部逃散，只有王平所率的一千人还在擂着战鼓防守。张郃怀疑王平有伏兵，不敢进逼。因此，王平所部得以全身而退。诸葛亮杀了马谡等人，剥夺了犯错误的将军的兵权后，独独格外重用王平，加封他为参军，让他统领五部军队兼管安营扎寨的事务，又晋升他为讨寇将军，封为亭侯。同时，诸葛亮上奏后主，请求将自己降职三级。

赵云的军队在箕谷也遭到了失败，但赵云拼命防守，所以损失并不大。诸葛亮让赵云赏赐手下的将士，赵云却拒绝了，说："战事失利，怎么还能有赏赐！还是留着以后再赏吧。"诸葛亮对他的话十分满意。

❧ 道理解读 ❧

　　会识人，还要会用人。诸葛亮不听刘备之言，为马谡侃侃而谈的表面才干所迷惑，错用了他，也害了他。但诸葛亮赏罚严明，却是十分可贵。马谡是赵括再生，不听劝告，战败被杀也是咎由自取。

| 魏 纪 |

鞠躬尽瘁，死而后已

魏黄初四年（公元223年），汉主刘备病重，临终前命令丞相诸葛亮辅佐太子，让尚书令李严做诸葛亮的副手。刘备对诸葛亮说："你的才能胜过曹丕十倍，一定能使国家安定，最终完成光复汉室的大业。如果刘禅还值得辅佐，那你就辅佐他；如果他不争气，你就取代他的位置自己做君主吧。"

诸葛亮流着眼泪对刘备说："我怎敢不竭尽全力，以忠贞之节相报效直至牺牲自己！"刘备又下诏给太子说："你将来要把丞相当作父亲来对待。"

当年五月，刘禅即位，封丞相诸葛亮为武乡侯，兼任益州牧。政事无论大小，刘禅都听诸葛亮的意见。

诸葛亮曾亲自校改公文，主簿杨颙劝谏他说："治理国家是有体制的，上下的职权不能混淆。现在您要治理整个国家，却亲自去做校改公文的琐碎小事，以至于整天汗流浃背，不是太辛劳了吗？"诸葛亮为自己的错误向他道歉。

随后，诸葛亮推行"科教严明，赏罚必信，无恶不惩，无善不显"的政策，使蜀汉的政治比较清明。

由于广大人民的辛勤劳动，益州农业也继续发展，耕地面积不断扩大，粮食

刘备临死前，把国家大事托付给了诸葛亮，诸葛亮表示一定尽心竭力。

产量很高，绵竹、广汉一带的水田能亩产三十斛以上。盐、铁、织锦业十分发达，其中蜀锦驰名全国，远销吴、魏。

除了内部政治上和经济上的成绩，诸葛亮还在军事上不断开拓，开始率军南征北伐。

南中（今云南、贵州及四川南部）在蜀汉的南部，为少数民族聚居地，时有叛乱。诸葛亮欲北伐中原，决定先安定后方。建兴三年（公元225年），诸葛亮用兵南中，采取"攻心为上"的策略，七擒七纵孟获，使孟获心服投降，南中完全平定。南中安定后，诸葛亮准备进行北伐。

魏太和元年（公元227年）三月，诸葛亮率各军北进，驻军汉中（今陕西汉中），派长史张裔、参军蒋琬负责留守丞相府的事务。出发前，诸葛亮上了一道奏章。诸葛亮在奏章中一再嘱托后主刘禅要亲近和善用贤臣君子，疏远小人。次年，在给后主的奏章中，诸葛亮表达了自己"鞠躬尽瘁，死而后已"的决心。之后的数年间，诸葛亮数次率军北伐，屡败屡战。

魏青龙二年（公元234年）二月，诸葛亮率军攻魏，和司马懿的军队在五丈原（今陕西岐山南）相持。诸葛亮派遣使者到司马懿军中，司马懿向使者询问诸葛亮的饮食和起居情况。使者回答说："诸葛先生早起晚睡，凡是二十杖以上的责罚，都亲自批阅，吃的饭食也不多。"司马懿

对别人说："诸葛孔明进食少而事务烦劳，这样下去能坚持多久呢！"果然，诸葛亮因过度劳累而病重，于当月在军中去世。后主赐诸葛亮谥号"忠武侯"。

当初，诸葛亮曾上表后主说："我在成都有八百株桑树，十五顷薄田，除供给家人衣食之外，还能有一些富余，所以我也不另置产业来增加收入。我死的时候，一定不让家里有多余的绢帛和多余的

诸葛亮事无巨细，都要过问，所以最终劳累致死。

钱财，而辜负陛下对我的恩情。"最后真的就像他所说的那样。蜀地民众请求为诸葛亮建庙祭祀，后主没有准许，百姓就逢时节自己在路上祭祀。于是，有大臣向后主建议在诸葛亮墓地附近建庙，以断绝私祭，后主只好采纳。

❧ 道理解读 ❧

凡事要抓大放小，分清主次。诸葛亮虽为丞相，却事必躬亲，做不到抓大放小，最终累死。他受先帝所托，士为知己者死，所以能够鞠躬尽瘁。后世评他有管仲、萧何之才，却未成管、萧之业。

三国归晋

司马懿在魏国先后侍奉魏武帝曹操、魏文帝曹丕和魏明帝曹睿，深得三个皇帝的信任。尤其是在魏文帝和魏明帝时期，司马懿南征北讨，立下了赫赫战功，确立了很高的地位和声望。魏文帝死时，命司马懿和曹真、陈群辅佐年幼的曹睿。魏明帝曹睿驾崩时，又命司马懿和曹爽辅佐曹芳。在这一过程中，司马懿的势力逐渐培养起来。

曹芳继位后，大将军曹爽掌握实权，排挤、架空了司马懿。曹爽本是个草包，掌权后骄奢无度，经常与他的党羽饮酒作乐。司马懿则韬光养晦，在家装病，以观时变，因此曹爽等人对司马懿失去了

戒备。司马懿于是与他的儿子中护军司马师、散骑常侍司马昭密谋，准备诛杀曹爽。

魏嘉平元年（公元249年）正月初六，魏帝祭扫高平陵，大将军曹爽和他的弟弟中领军曹羲、武卫将军曹川、散骑常侍曹彦等都随侍同行。太傅司马懿便以皇太后的名义，在洛阳城内发动政变，历数曹爽之罪恶。懦弱的曹爽根本听不进谋士桓范的劝告，天真地投降，最后和他的亲信部下一起都被诛灭三族。司马氏开始全面掌权，控制魏国朝政。

司马懿死后，他的儿子司马师和司马昭先后掌握朝政，因权势过重，引起曹

司马懿杀了曹爽之后，控制了魏国的朝政大权，曹芳和大臣都很惧怕他。

在晋军的围攻下，东吴孙皓自缚出城投降，从此三国归晋。

芳的不满。魏正元元年（公元254年）九月，魏帝曹芳欲杀司马师而被废黜，改立高贵乡公曹髦为新皇帝。

魏景元元年（公元260年），魏帝曹髦见自己的权威日渐削弱，而司马昭掌握内外大权，屡屡欺凌自己，感到非常愤恨，对身边的人说："司马昭之心，路人皆知。我不能坐等被废黜的耻辱，今天要亲自与你们一起出去讨伐他们。"魏帝随即拔出佩剑登上辇车，率领宫殿里的宿卫僮仆等人呼叫着冲出来，还没有到司马昭的家门，就被司马昭的部下杀死。司马昭于是扶立曹奂为帝。

魏景元四年（公元263年）八月，魏军大举进攻蜀汉，一直打到成都。后主刘禅投降，被封为安乐公。晋王司马昭设宴招待刘禅，为刘禅演奏蜀地的乐舞，旁边蜀地的故人都为之感伤，刘禅却像平常一样十分高兴。晋王问刘禅说："你还思念蜀国吗？"刘禅回答："在这里很高兴，不思念蜀国。"公元264年，司马昭去世，其子司马炎掌权后，废曹奂自立建晋。蜀国被灭后，晋国的势力进一步强大，对东吴形成夹击之势。于是，攻灭东吴，统一全国，成了晋国的下一个目标。

魏咸熙元年（公元264年）七月，东吴景帝孙休去世，乌程侯孙皓即位称帝。孙皓粗暴骄横，自大而喜好酒色，对臣下动辄大兴杀戮，被怨杀的人数不胜数，朝廷上下怨愤不已。大臣屡次劝谏，孙皓一概听不进去。从此大小官员人心离散，没有人肯为孙皓尽力。

这时，晋国则加紧了征吴的部署，开始在长江上游制造战船，晋、吴军队开始互有攻防。晋武帝咸宁四年（公元278年），杜预代羊祜为镇南大将军，全面负责攻吴事宜。咸宁五年，晋派杜预、王浚、王浑、王戎等人兵分几路攻打东吴。太康元年（公元280年），王浚率军攻到东吴都城建业（今江苏南京），吴主孙皓学着刘禅的样子，反绑着双手出来投降，王浚当即给他松绑。后来晋武帝封孙皓为归命侯。

晋派遣使者到吴地安抚民心，改变了以往孙皓时期的苛政，吴地的人都欢欣归附。

自此，三国归晋，天下再度统一。

❧ 道理解读 ❧

古人说："国之大器者，有才者居之。"魏国自魏明帝以后君主暗弱，而司马氏威望、势力日增，所以最终晋取代魏。蜀后主懦弱昏庸，东吴孙皓暴虐残酷，都不是有才德的君主，所以蜀、吴被灭。

|晋 纪|
羊祜以德服人

晋武帝想要消灭吴，于泰始五年（公元269年）二月任命羊祜统领荆州各项军事，镇守襄阳。

羊祜，字叔子，于魏正元二年（公元255年）应征为中书侍郎，后拜相国从事中郎，参与掌管机密。司马炎代魏称帝后，迁尚书左仆射、卫将军。

羊祜到襄阳后，关心爱护远近的百姓，在江、汉地区很得人心。羊祜减少守卫巡逻的士兵，让他们开垦了八百多顷农田；吴国投降的人思乡了，都听任他们离开。他刚到那里的时候，军队的粮食不够吃一百天，而到了后期，积蓄的粮食够吃十年。羊祜在军中治军宽松，经常穿着宽松轻薄的裘皮衣服，并不穿戴铠甲。他居住的地方，侍卫也不过十几人。

泰始八年十二月，羊祜因在江陵败于东吴陆抗，被贬为平南将军。回到襄阳以后，他致力于修明德信，以使吴人归顺。每次与东吴交战，他都要约好日期才开战，不会突然袭击。将帅当中想要出诡计的人，羊祜总是给他喝醇厚的美酒，让他喝醉不能说话。

羊祜的军队出行经过吴境，曾经割取谷子当作口粮，全都记下数量，然后送回等值的绢帛补偿给主人。每次与部下一起在长江、沔水一带打猎，羊祜总是只在晋的领地内；如果飞禽走兽先被吴人打伤，然后被晋兵得到的，都要送还吴人。于是东吴边境的百姓都对羊祜心悦诚服。

羊祜把襄阳治理得很好，很得当地民心，百姓们都很爱戴他。

羊祜与东吴大将陆抗在边境对峙，双方的使者常常互相来往。陆抗送给羊祜的酒，羊祜毫不怀疑地就喝了；陆抗生病，向羊祜求药，羊祜把成药送给他，陆抗也立刻服下。许多人劝阻他，陆抗说："羊叔子怎么会用毒杀人？"孙皓听说双方边境互相和好，就责问陆抗，陆抗说："一邑一乡都不可以不讲信义，更何况大国呢？我如果不这样做，正是彰显了羊祜的美德，对羊祜没有丝毫损伤。"

羊祜从不攀附结交朝中的权贵。羊祜的堂外甥王衍曾经去羊祜那里交代事情，意思、条理都说得非常清晰，而羊祜并没有赞赏他。王衍走后，羊祜对宾客说："王衍应当能凭借盛名坐上高位，但是败坏风俗、有损教化的也必定是他。"攻打江陵的时候，羊祜曾经要用军法斩杀王戎。所以，这两个人都怨恨羊祜，言语之间经常诋毁羊祜，说得他一无是处，更毫无德行。

晋咸宁四年（公元278年），羊祜因病入朝觐见司马炎，司马炎让他乘坐车子上殿，不用朝拜直接就座。羊祜向司马炎当面陈述攻取东吴的计划，司马炎非常赞赏。因为羊祜生病，不方便经常进宫，司马炎就派中书令张华去羊祜那里询问计策。羊祜对他说："孙皓暴虐到了极点，现在可以不战而胜。如果孙皓不幸死了，吴人再立一个贤明的君主，那么纵然我们有百万大军，长

江以外也不是可以觊觎的，那将会成为后患啊！"羊祜病重，就推荐很有军事才能的杜预代替自己，任镇南大将军、荆州地区的军事长官。

咸宁四年十一月二十六日，羊祜生病去世。司马炎哭得十分哀伤，由于那天天气非常寒冷，鼻涕眼泪流到胡须上都结成了冰。荆州的百姓听到羊祜去世，都停止做生意，街巷里哭声一片。东吴戍守边界的士兵也都为他哭泣。羊祜喜欢到岘山游玩，襄阳人就为他在岘山建碑立庙，每逢时节就去祭祀他。看到这块石碑的人没有不流泪的，所以人们叫它"堕泪碑"。

太康元年（公元280年），杜预指挥晋军灭掉了东吴。司马炎得到消息后，哭着说："这都是羊祜的功劳啊！"

羊祜死后，襄阳人非常怀念他，就在当地竖碑立庙，经常祭奠他。

● 道理解读 ●

道德具有教化的作用，可泽润周围，所以我国历来重视社会道德的培养。羊祜是古代众多德行高尚的人中比较知名的一位，他做事能以德服人，不以暴制暴，所以深得人心，也为晋灭吴打好了声誉基础。

晋 纪

士大夫清谈误国

魏晋时期，士大夫崇尚老子、庄周，喜谈玄理，从而形成了一种脱离实际的社会风气，是为清谈。清谈之风始于魏代何晏、王弼等人，他们以老、庄的思想解释儒家经典，摈弃世务，专谈玄理。其后，晋代的王衍、乐广对其加以发扬。

当初，何晏等人师法、继承老庄学说，他们创立的观点以为："天地万物，都以'无'作为根本。所谓'无'，就是滋生万物，成就万事，无论到哪儿都存在的东西。阴阳依赖它而变化相生，贤者依赖它而成就德性。所以'无'所到之处，没有爵位也照样富贵。"

晋惠帝时，王衍担任尚书令，乐广担任河南尹，他们都喜好清谈，喜爱和尊重

何晏，心思根本不在朝廷政事上。他们当时在社会上名声很大，朝廷内外的人都争相效仿他们。从此，朝廷的士大夫都把虚浮放诞看作美好的行为，荒废了自己的正业。士人竞相虚浮放诞，遂成风俗。

王衍十分聪慧，相貌又秀美，长年担任高官。他小的时候，山涛见到他，赞叹了很久，说："什么样的妇人，竟然生下这样好的孩子！但是危害天下百姓的，未必就不是这个人。"

乐广性情淡泊简约，与世无争。他每次谈论，总是用简略的语言辨析事理，令人心服。而对于自己所不知道的事情，他就保持沉默。他议论别人，一定先称赞这个人的长处，那么这人的短处不用他说，也就自然而然地反衬出来了。

由于清谈放诞成风，晋朝的士大夫都纷纷借酒放纵，聚在一起高声谈论玄理，不做实事。

石勒实在看不惯王衍等虚浮清谈的人，就派人推倒墙壁，把他们全部压死了。

王澄、阮咸以及阮咸的侄子阮修、泰山人胡毋辅之、陈国人谢鲲、新蔡人毕卓等人，都以任性放纵为通达，甚至喝醉了酒裸体发狂，也觉得很正常。

一次，胡毋辅之在痛饮美酒，他的儿子胡毋谦见到了，厉声指责他说："你是上了年纪的人，不可以这样在沉醉中消磨自己！"胡毋辅之放声大笑，反而叫他进来一起喝酒。

侍中裴𬱖认为崇尚虚无有害无益，就写了一篇论文《崇有论》，试图用它来纠正虚无思想的误导。然而，当时尚虚的风气习俗已经形成，裴𬱖的论文已经不能够

挽救了。

居高位者整日无所事事，只是相互清谈，确实可谓尸位素餐。这些人面对西晋末年日趋没落的朝政，没有能力，也没有用心去挽救，让西晋一步一步走向衰亡。

西晋先是爆发了八王之乱，后又有匈奴、鲜卑的变乱，但这些清谈的高官没有一个能真正帮忙稳定朝政的。

晋怀帝永嘉五年（公元311年）四月，石勒率骑兵大败晋军，十多万晋兵无人幸免，太尉王衍等人也被擒获。石勒让他们坐在帐幕下，向他们询问晋朝的事情。王衍详细陈说了祸患衰败的原因，一再声称计策不是自己制定的，并且说自己从小就没有当官的欲望，从不参与俗世的事务；又借这个机会劝石勒称帝，希望自己能因此得到赦免。石勒十分看不起他，说："您年轻力壮的时候就被朝廷任用，名声响彻海内，身居重任，凭什么说自己没有当官的欲望呢？把天下搞得一团糟的，不是你又是谁呢？"命令随从将王衍架了出去。

石勒对手下孔苌说："天下我去过的地方多了，还不曾见过这种人。应该让他们留在世上吗？"孔苌建议杀了这些人。当天晚上，石勒派人推倒墙壁，把王衍等人都压死了。

之后，没几年，西晋就灭亡了。

道理解读

要做实干家，拥有真正的本事，不能只会高谈阔论，误人误己。清谈本身没有错误，但它让社会风气变得颓废，不务实，荒废朝政，导致亡国。因而，顾炎武把清谈视为亡天下的洪水猛兽，是有一定道理的。

晋 纪
八王之乱

晋武帝司马炎认为，自己能够从曹魏手中夺得政权，当上皇帝，是因为曹氏不分封同姓为诸侯王；皇室孤立无援，缺乏屏藩的缘故。于是，他即位后大封皇族二十七人为王，并允许诸王自选本王国内的大小文武官吏。这些地方势力逐渐坐大，开始觊觎中央政权。

晋惠帝时期，皇后贾南风想独揽朝政，先是让汝南王司马亮、楚王司马玮杀死势力强大的外戚杨氏，接着除掉司马亮、司马玮，不久又施计废黜了太子，使得朝廷上下群情激愤。晋永康元年（公元300年），右卫督司马雅等一起策划废黜皇后，恢复太子的地位。

司马雅等人说服赵王司马伦的亲信孙秀，孙秀告诉了司马伦。司马伦同意一起起事。

起事前，孙秀对司马伦说："太子聪明刚猛，如果让他回到东宫，一定不会受制于人。您一直是贾皇后那边的人，路人皆知，如今就算为太子立下大功，太子也一定不会真心感激您。不如拖延时间，等贾后加害了太子，那时候您废黜皇后，为太子报仇。这样不仅能免去灾祸，还可以进一步提高您的地位。"司马伦认为有道理。于是，孙秀派人挑拨离间，贾南风非常害怕，就派人杀了太子。

太子一死，司马伦和孙秀随即联合

皇后贾南风利用司马亮、司马玮除掉了外戚杨氏，随即又借故处死了司马亮、司马玮。

齐王等人发动政变，杀了贾后的亲信贾谧，将贾后废为庶民，进而毒死了她。司马伦又与孙秀图谋篡夺皇位，逼迫惠帝禅让帝位给自己，让惠帝到金墉城居住，并派兵看守，然后尊他为太上皇。司马伦称帝引起了众藩王的强烈不满。

齐王司马冏向全国发出了讨伐司马伦的檄文，号召各地亲王起兵。成都王司马颖、河间王司马颙都有夺权的野心，便和司马冏联兵攻打司马伦。两方打了六十多天，死了十万多人，最后司马伦和孙秀兵败被杀。

司马冏进入洛阳后，怕司马颖和司马颙跟他争权，便让惠帝复位，封自己为大司马，在幕后操纵政局。司马颙看穿了司马冏的诡计，便派出两万兵马攻打洛阳。长沙王司马乂也有政治野心，起兵响应司马颙。他派出一百名骑兵，冲进洛阳，杀了司马冏，控制了朝政。

之后，司马颖、司马颙联合起来，进攻洛阳，共同对付司马乂。司马乂控制住惠帝，发兵抵抗。正当双方打得难解难分的时候，洛阳城里的东海王司马越指挥禁卫军在夜里捉住司马乂，将他活活烧死。司马颖乘机进入洛阳，掌握了政权。

司马越认为自己杀司马乂有功，却没有得到什么好处，心实不甘，便假借惠帝的名义，起兵攻打司马颖，战败后逃回东海郡。

这时，跟司马颖有仇的幽州刺史不甘心让司马颖掌握政权，便联合鲜卑、乌桓等周边势力打败了司马颖。司马颖只好挟持惠帝逃到长安。

长安掌握在司马颙的手中，他见司马颖兵败来投，便趁机排挤他，从而独揽了朝权。之后，司马越联合幽州刺史攻下长安，将惠帝、司马颖、司马颙带回洛阳。不久，司马越杀了司马颖、司马颙，毒死了惠帝，另立司马炽为帝，史称晋怀帝。

从公元291年楚王司马玮带兵进入洛阳开始，到公元307年惠帝被毒死为止，战乱持续了十六年，史称"八王之乱"。

司马越毒死了晋惠帝，改立司马炽为帝，自己独揽了朝政大权。

～ 道理解读 ～

地方上一旦拥有了过多的权力，就会坐大，"权大欺主"，影响到中央政权的稳定。所以要实行必要的中央集权，不给有野心者以便利。任人唯亲，不是治国之道。兄弟阋墙，也是因为都有私心。

|晋 纪|
司马睿建立东晋

八王之乱后期，司马睿依附于掌握实权的东海王司马越，司马越则以其为平东将军、监徐州诸军事，留守下邳。匈奴刘渊举兵后，中原局势恶化，司马睿请移镇建业，朝廷于是于永嘉元年（公元307年）任命他为安东将军、都督扬州诸军事。司马睿是司马懿的曾孙，司马觐之子，在十五岁时继位为琅琊王。

最初，刚到建业的司马睿声望一直很低，吴地人不肯依附他，士大夫更是没有人来拜见他。司马睿的僚属王导等人对此很忧虑。恰巧司马睿要出门观看祭祀活动，王导便让司马睿乘坐上没有遮盖的轿子，带着壮观的随行卫队，王导等南来的北方士大夫都骑马随从，趾高气扬地从大街上路过。这一招果然见效，让看到此情景的江南士大夫受到震慑而折服。于是，吴地的士大夫纷纷开始为司马睿效力，江东人也都诚心归附司马睿。司马睿一开始嗜酒贪杯，荒废了政事，王导加以劝导，司马睿马上掷杯于地，从此戒了酒。之后，司马睿派部下三定江南，平定各地的反抗，逐渐巩固了自己的统治。

建兴四年（公元316年），匈奴贵族刘曜攻破了长安。司马睿听说长安失守，愍帝被俘，便亲自穿上铠甲，带领军队露

王导让司马睿很招摇地穿过闹市，让看到的江南士大夫受到了震慑。

宿野外，并向各地发送檄文，摆出一副马上要北伐的姿态。

次年二月二十八日，平东将军宋哲到达建康，宣称接到愍帝司马邺的诏书，让司马睿全面负责国家事务。于是，西阳王司马羕和官员、掾属等共同奉上皇帝尊号，司马睿不接受。司马羕等人坚持请求，不肯罢休。司马睿无奈，一度声称要返回封国。司马羕等人无法，就请求司马睿依照魏、晋旧例，称晋王。司马睿同意了。三月初九，司马睿即晋王位，大赦天下，改年号为建武。

晋大兴元年（公元318年）三月初七，愍帝死讯传到建康（今江苏南京，由建业改称），百官请求奉上皇帝尊号，司马睿起初并不同意，故意谦让。扬威将军纪瞻说："晋朝嗣统中断，到现在都已两年了，陛下早应当继承大业。遍观皇室子弟，除了陛下，帝位还可以推让给谁！陛下如果荣登皇位，那么祖先的神灵和全国百姓都能有所依托。如果我们忤逆天命，违背人心，一旦大势失去，就不会再回来了。现在洛阳、长安两座京城都被焚烧洗劫，刘聪在西北自立为帝，而陛下却在东南为显示清高推让帝位，这就如同要您主动站出来带领大家救火，您却仍在作揖谦让啊。"司马睿还是不同意，让殿中将军韩绩撤去摆好的皇帝宝座。纪瞻呵斥韩绩说："皇帝的座位与天上星辰相应，敢挪

司马睿嘴上虽然一再谦让，心里早就想称帝了，所以对周嵩的劝谏十分不满。

动的斩首！"司马睿为之动容。

奉朝请周嵩上书说："古代的帝王，保全了道义后才择取，完成了谦让后才拥有，所以能长久地统治国家，光耀万世。现在愍帝的梓宫还没有归国，故都还没有恢复，义士泣血，士民子女惊惶不安。我劝您先别急着称帝，应当广开言路，训练士卒，制造兵器，洗雪国家大耻，满足天下人的共同愿望，到那时，帝位自然就是陛下的了。"周嵩之言十分不合司马睿的心意，司马睿于是将他贬出京城，不久又免除了他的官职。初十，司马睿即皇帝位，大赦天下，改年号为大兴。

🌀 **道理解读** 🌀

资质普通的人能够成功，一是时机好，二是自己不懈努力，三是善于利用人才，虚心接受建议。司马睿是一个普通的人，但他先依靠了实权人物，后又得到望族和谋士的支持，虚心纳谏，顺应时势，终于成功。

|晋 纪|

祖逖闻鸡起舞

范阳人祖逖年轻时就有大志向，曾和刘琨一起担任司州主簿，与他同榻而眠。夜半时祖逖听到鸡叫，就把刘琨叫醒，说："这是激励我们的声音啊！"于是，祖逖就和刘琨起床一起练剑。适逢匈奴兵之乱，祖逖渡江南下，司马睿让他担任军咨祭酒。

祖逖住在京口（今江苏镇江）时，招募骁勇强壮的勇士，时刻准备为朝廷效力。祖逖劝说司马睿派军光复中原，司马睿没有北伐的志向，就很应付地任命祖逖为奋威将军、豫州刺史，且只拨给他一千人的口粮、三千匹布，并不供给兵器，而让祖逖自己想办法募集。

祖逖领命后，带领自己的部下共一百多户人家渡过长江。到江心的时候，他拿着船桨，边拍打船舷边发誓，说："我如果不能廓清中原，就不再渡江回来！"渡过长江后，祖逖驻扎在淮阴，组织人打造兵器，招募壮丁。

流民张平和樊雅各自聚集了几千人，为祸一方，阻碍北伐。祖逖先诱降了张平的部将谢浮，让他杀掉张平，然后进军占据太丘。随后，祖逖向南中郎将王含请求

祖逖和刘琨闻鸡起舞，时时激励自己的志向。

援兵。桓宣当时担任王含的参军，王含派桓宣劝降樊雅，樊雅归降。祖逖上表请求任命桓宣为谯国内史。

晋大兴三年（公元320年），祖逖的部将韩潜和后赵将领桃豹分别占据坞堡主陈川的旧城：桃豹占据西台，韩潜占据东台。双方互相攻守了四十天。

祖逖用许多布袋盛满土，好像盛满

祖逖带着自己组织起来的军队四处征战，收复了晋朝大片丢失的疆土。

粮米的样子，派一千多人运到东台上；又让一些人挑着真米，在路边休息。桃豹的士兵见状追杀，这些人马上丢下担子逃走了。桃豹的士兵已有很长没有吃饱饭了，看到祖逖士兵留下了这么多粮米，以为祖逖粮食充足，心中十分恐惧。

后赵用一千头驴子为桃豹运送军粮。祖逖得知消息后，派军队在汴水截击，缴获了敌人全部粮草。于是，难以为继的桃豹连夜弃城逃跑了。之后的一段时间，很多镇守边界的后赵士兵都归降了祖逖，后赵的国土也日渐缩小。

是年七月，司马睿下诏加授祖逖镇西将军。祖逖在军中，与将士们同甘共苦，严于律己，鼓励农业生产，安抚新归附的士民，即使是关系疏远、地位低贱的人也用恩惠礼貌地去结交他们。

黄河流域有许多坞堡，此前这些坞堡多有人质被扣留在后赵，祖逖便都听任他们同时服从后赵与晋，并且不时派遣机动部队假装抄掠他们，以告诉后赵这些人并未归附自己。坞堡主人们都感激祖逖的恩德，只要后赵有什么特殊举动，就秘密报告他，因此祖逖打仗经常获胜，黄河以南地区，多半背叛后赵而归附东晋。祖逖于是加紧训练士兵，积蓄粮食，为收复黄河以北的失地做准备。

晋大兴四年（公元321年）七月，司马睿任命尚书仆射戴渊为征西将军，统管包括豫州在内的六州各项军务。已经担任豫州刺史的祖逖认为戴渊是吴人，没有远大的抱负和高明的见识。自己披荆斩棘，收复了许多失地，而戴渊寸功未立却来指使自己，所以心中郁郁不乐；又听说朝廷内部不和，国家将有内乱，心知统一北方的大业难以成功，受到很大刺激，因此卧病不起。九月，祖逖在雍丘去世，豫州的百姓就像失去亲生父母一样悲伤。

◆ 道理解读 ◆

成大事，要建立远大的志向，还要时刻坚定信念，激励自己。祖逖闻鸡起舞，渡江率军北伐，部分地实现了年轻时的愿望。由于讲究做事的方法和策略，所以祖逖能够在北伐中一路猛进。

晋 纪
淝水之战

晋孝武帝太元八年（公元383年），前秦统一北方后，准备一鼓作气统一南方，便开始大举入侵东晋。当时谢安主持东晋朝政，本族人谢石、谢玄主持对前秦作战。全国上下都很惊惶，而谢安安之若素，十分悠闲地与谢玄下棋聊天。谢安本来棋艺比较一般，远低于谢玄。这次谢玄因为知道前秦要来，感到十分恐慌，难以集中精神，最后竟然和谢安下成了平手。将军桓冲十分担忧，派来三千精锐保卫首都，也被谢安赶了回去。

十月，前秦阳平公苻融等攻打寿阳（今安徽寿县），于十八日攻克了寿阳。这时，慕容垂也率领军队攻下郧城。胡彬听说寿阳被攻陷，就后退守硖石。苻融继而进军攻打硖石。前秦卫将军梁成等率领五万兵众驻扎在洛涧，沿淮河布防以遏制东面的东晋部队。谢石、谢玄等在距离洛涧二十五里的地方驻军，由于惧怕梁成而不敢前进。前秦派尚书朱序前往晋营劝降，不想朱序反倒暗中和谢石联络，把前秦的情况透漏给他，还商讨了退秦的计策，建议趁前秦立足未稳，速战速决。

谢玄派广陵相刘牢之率五千精兵开赴洛涧。在离洛涧十里的地方，梁成扼守山涧部署兵阵以等待刘牢之。刘牢之率军勇

符坚看到晋军阵势整齐，且以为八公山上的树木都是晋军，开始有些害怕。

往直前，径直向前渡河，大败梁成，斩了梁成以及弋阳太守王咏。之后，刘牢之又分派部队断绝了前秦撤退的渡口。于是，谢石等各路军队，就从水路陆路继续前进。

前秦王苻坚和阳平公苻融登上寿阳城观望，看到晋军部署的阵势非常整齐，又远远望见八公山上的树木柴草，以为那都是晋国的士兵，开始有些忧惧。前秦军队紧靠淝水（今安徽合肥西）列阵，东晋军队不能够渡河。谢玄便派使者对苻融说："您孤军深入，而紧靠水边摆下阵势，这是长期相持的办法，不是想快速决战的样子。如果能把阵势向后稍微移动一下，让晋国军队渡过河，再同秦军一战而定胜负不更好吗？"苻坚对苻融说："这样做可以。不过我们只是将部队向后退一点，等他们渡河到一半的时候，我们率领强大的骑兵杀过去，一定能够获胜。"苻融也认为这样很好，于是就指挥部队向后退。

前秦军队向后一退，就没有办法再停止下来。朱序借机在阵后高呼："秦军败了。"秦兵听到后更是没命地逃跑。谢玄、谢琰、桓伊等人率领军队趁机渡河，向秦军发起攻击。苻融骑马巡行军阵，想指挥正在退却的兵士，不料马被绊倒了，他自己也被赶过来的晋国士兵杀死了，秦军于是全部崩溃。谢玄等人乘胜追赶，一直追到青冈。

秦军被打得大败，许多人互相践踏而

前秦军队向后一退，朱序借机高呼"秦军败了"，秦兵听到后大乱。

死，尸体布满田野，堵塞了河流。那些逃走的士兵听到风吹和鹤叫的声音，都以为是东晋军队就要追来了，白天黑夜都不敢停下来休息，也不敢走大路，只在人迹罕至的草丛中逃走，走倦了就在露天的地上睡一下。劳累、恐惧，加上饥饿和寒冷，秦军十有七八的人都死了。

晋军还截获了前秦王苻坚所坐的云母车，又夺取了寿阳。苻坚中了流箭，单身匹马逃到淮河以北。

东晋方面，接到驿站传递的前方书信，当时正与客人下围棋的谢安知道前秦已败，便把信放到了床上，毫无高兴的神色，继续下棋。客人问他是什么事，他故作镇定，慢条斯理地回答说："孩子们已经打败了贼寇。"下完棋以后，他欣喜若狂地返回屋里，过门槛时屐齿被碰断了，而自己竟然都没有发觉。

🐦 道理解读 🐦

以弱胜强的关键，在于弱者能够冷静迎战，审时度势，抓住敌人的要害，一击而中。谢安能够冷静应对，显示出他的高妙。谢玄等人能够利用前秦立足未稳、急于求胜的心理，一举大败敌人。

晋 纪

东晋门阀

两汉时期，国家选举人才委任官职，实行征辟制度。到了曹魏时期，魏文帝曹丕改行九品中正制，将人才按高下分为九品，依品授予官职。但是，品评人才的官员多数都会优先照顾自己的同族或者同乡，由此逐渐形成了许多世家大族，这些世家大族之间相互通婚，看不起中下层人。到了东晋时期，人品的评定由西晋"二品系资"，犹重德、才，进一步演化成完全以血缘关系区别的门阀高下为标准，高官多为士族所垄断，他人绝难担任，门阀于是出现。

最初，琅琊王氏自魏末晋初王祥担任太保以来，发展成为山东最知名的豪门望族。西晋中，琅琊王氏先后有王戎、王衍等知名人士出任高官乃至宰辅，盛极一时。当时，其他豪门大族还有太原王氏、颍川庾氏、谯国桓氏、陈郡谢氏和泰山羊氏等。

东晋尚未建立时，琅琊王导为司马睿的司马，参与机密。王敦是王导的堂兄，掌握兵权，和王导一起辅助司马睿平定了江南，最终建立东晋。所以，司马睿称呼王导为自己的萧何和"仲父"，在登基的当天还要求王导和自己一起登上宝座，王导坚决拒绝了。时人称："王与马，共天下。"除了王导等人之外，其他南迁的世

司马睿称帝时，还想拉着王导一起坐在宝座上，被王导坚决拒绝了。

家大族也为东晋的建立和巩固起了很大作用，如颍川庾氏、谯国桓氏、陈郡谢氏，所以司马睿以后东晋的历代皇帝都十分重用他们。

南方大族有顾、陆、朱、张、周、沈等，只是他们多属于地方大族，而且在最初襄赞司马睿建立东晋时表现比较消极，所以不太受晋帝的宠信和依赖，在东晋的地位一直低于来自北方的王、谢、桓、庾。其他的士族也有门第高下之分，受尊宠的程度不一致。低于士族的是庶族，相比较被人瞧不起。

东晋之初，王导、王敦辅政。后来王敦擅权谋反，琅琊王氏的主导地位被庾亮所取代。庾亮死后，桓温家族取代庾氏辅助东晋。后来桓温谋反身败，谢安家族开始掌权。谢安之后，桓温之子桓玄一度称雄，最后为新兴的庶族刘裕所败。自此之后，王谢桓庾才不再垄断朝政，但其名门望族的地位并没有被削弱。直到梁朝时期，大将侯景手握重兵，权势很大，曾想向王、谢两家求婚。梁武帝好心地劝他说："王、谢两家门第太高，不是你能联姻的对象，你可以向朱、张以下的人家求婚。"后来，侯景虽然一度称帝，仍然没能和王、谢两家联姻。

士族都有特权，有些人即便是庸才，只要出身高贵，也可以直接担任比较高的官职。而出身寒微的，即便因为功劳卓著一直做到高官，也还是会被名门望族当作

是暴发户。陶渊明的曾祖陶侃曾经先后平定王敦和苏峻的叛乱，官居太尉，爵位为郡公，被当时人称有再造晋朝之功，即便如此，还曾经被士族讥讽为"溪狗"。谢安家族和王羲之家族都是一品大族，两家之间也相互通婚。谢安的侄女谢道韫是谢家有名的才女，嫁给了王羲之的次子王凝之。王羲之的几个儿子都很出色，独独这个王凝之是个庸才，以至于谢道韫发出了"不意天壤之中乃有王郎"的怨言。王凝之痴迷于五斗米教，于政事毫无任何能力。就这样，因为出身高贵，竟然做到了会稽内史（大约为四品官）。等到孙恩和卢循起义攻打会稽时，他只会求神拜仙，不作丝毫抵抗，最终城破被杀。

王凝之是个庸才，会稽城破，起义军在他拜神求仙时杀了他。

|宋 纪|
刘裕篡位建宋

刘裕曾担任东晋前将军刘牢之的参军，随从刘牢之镇压孙恩起义，屡建战功。后来，刘牢之遇害，桓玄掌握军政大全，意图谋反。刘裕于是联合刘毅、何无忌等人起兵，击溃了桓玄。刘裕平乱有功，于义熙四年（公元408年），以扬州刺史、录尚书事入京辅政，独揽朝权。

随后，刘裕北伐，击杀进犯的慕容超，攻破了南燕。义熙七年，率军镇压了卢循起义军。八年，大力清除异己势力。九年，收复巴蜀。十二年，灭掉后秦，收复长安。刘裕南返后，被晋帝封为相国、宋公，加赐九锡。公元419年，安帝死，恭帝即位，封刘裕为宋王。

刘宋永初元年（公元420年），镇守寿阳的宋王刘裕希望晋恭帝司马德文能实行禅让，将帝位传给自己，却又不好开口，于是召集宋国朝廷群臣，设宴饮酒。

在酒宴上，刘裕假装不经意地说："当年桓玄篡位，大晋政权被夺取，是我最先倡导大义，复兴宗室，南征北战，平定了天下。建立功业后，我蒙皇上恩赐九锡之礼。现在我老了，地位又如此尊贵，凡事忌讳太满，太满则难保久安。我打算把爵位奉还皇上，回到京师养老。"

众朝臣只称颂他的功德，没有人明白他真正的意图。天色已晚，大家散席离去。中书令傅亮走出宫门，突然醒悟，反

在酒宴上，刘裕假称要退位养老，大臣们不理解他的真正意图，只是一味歌颂他，让他很恼火。

身回去。这时宫门已经关闭，傅亮便敲门求见，刘裕立即下令开门召见。

傅亮入宫，只说："我应该暂时返回京师。"刘裕明白他的意思，也不多说别的，直接问他："你要多少人护送？"傅亮回答："几十个人就够了。"然后告辞离去。出宫时，已经是半夜了，正好有彗星划过夜空，傅亮于是拍着大腿感叹说："我以前不相信天象，现在看起来，天象要应验了。"

傅亮抵达京师建康后，四处活动，表示刘裕应该入京，晋恭帝便征召刘裕来建康辅弼。随后，傅亮暗示恭帝应该把帝位禅让给刘裕，并草拟了退位诏书，呈给恭帝，让他亲自抄写。恭帝无奈，只好装出高兴的样子，对

傅亮逼着司马德文把自己事先写好的退位诏书重新抄写了一遍。

左右侍从说："桓玄之乱的时候，晋朝已经失去天下，全靠刘公，才使得朝廷重新延续将近二十年。今天禅位，我是心甘情愿的。"于是，恭帝提笔在纸上将诏书抄写了一遍。

六月十一日，恭帝让位，回到琅琊旧居，百官叩拜辞别，秘书监徐广痛哭流涕，悲恸不已。十四日，刘裕在南郊设坛，即皇帝位。仪式结束后，刘裕从石头城乘坐备好的帝王车驾进入建康宫殿。徐广再次悲痛哭泣。侍中谢晦对他说："徐公有些过分吧！"徐广反驳说："您是宋朝佐命的大臣，我是晋朝遗老，悲欢之间，当然不同。"

刘裕登上太极殿，大赦天下，改年号为永初。议论朝政的人，一律除去罪名，让他们改过自新。

随即，刘裕尊司马德文为零陵王，并派将军率兵防卫，对待他的礼节全都按照晋初对待曹奂的先例。

第二年，刘裕把一罐毒酒交给前琅琊郎中令张伟，让他毒死司马德文。张伟叹气说："毒死君主以求活命，还不如自己先死了好！"于是在路上把毒酒喝了。

后来，刘裕派伏兵翻墙进入司马德文的住处，给他毒药，让他服下去。信佛的司马德文不肯，说："佛教教义说，自杀的人不能够投胎再得人身。"士兵们一再逼迫不成，干脆就用被子捂住他的脑袋，将他闷死了。

🍂 道理解读 🍂

一个朝代的衰亡，意味着一个新朝代的崛起。东晋的气数已尽，君弱臣强，所以刘宋代晋也是必然。除"恶"务尽。晋恭帝虽然禅让，但仍是个隐患，刘裕还是觉得如芒在背，所以不惜派人杀死他。

| 宋 纪 |

孝武帝自毁长城

宋文帝元嘉七年（公元430年），北魏攻宋。次年正月十五日，征南大将军檀道济等人从清水出发救援滑台（今河南滑县东），魏国的寿光侯叔孙建、征西大将军长孙道生打算抵抗他们。十六日，檀道济到达寿张，遇上魏国安平公乙旃眷。檀道济率宁朔将军王仲德、骁骑将军段宏拼力攻击，大败乙旃眷，接着转战到高梁亭，杀死北魏济州刺史悉烦库结。

二月，檀道济率军开进济水，在二十多天的时间里，先后与魏军交战三十多次，而檀道济多半取胜。不久，檀道济军开到历城，北魏叔孙建等派遣轻骑兵往来截击，在刘宋大军的前前后后时有出没，还纵火焚烧了刘宋大军的粮草。檀道济因

为军中缺粮，不能前进，所以北魏冠军将军安颉、安南大将军司马楚之等能够以全部力量进攻滑台。随即，魏孝武帝拓跋焘又派楚兵将军王慧龙增援。

滑台守将坚守滑台已有几个月，城中粮食吃光了，士卒们用烟熏出老鼠，将其烤熟吃掉。不久，北魏军攻破滑台，刘宋的将士一万多人全部被俘虏。檀道济的大军因为粮尽，只好从历城撤军。撤军前，从宋军中逃走投降北魏军的士卒，把宋军的困难境遇报告给北魏军。于是，北魏军趁机大举追击宋军。这时，宋军军心涣散，人人自危，随时都可能溃散。檀道济不慌不忙，利用夜色的掩护，命令士卒把沙土当作粮食，一斗一斗地量，而且边量边大声地念出数字，然后将军中仅剩的一点谷米覆在装满沙土的粮囤表面。第二天

檀道济身经百战，为刘宋立下了卓越功勋，北魏将士都十分惧怕他。

早晨，北魏军远远地看到这种情况，以为檀道济军中的粮食还很充裕，就认为那个降卒在欺诈而杀掉了他。

当时，檀道济兵员很少，而北魏骑兵部队从四面八方包围了他们。檀道济命令军士们都披上铠甲，而自己则穿着白色的便服，率领军队缓缓地出城。北魏军以为檀道济有伏兵，不敢逼近，而且还慢慢向后退去。这样，檀道济全军而回。

檀道济在刘裕朝就因功绩显著，名声很大。到了宋文帝时，他左右的心腹都身经百战，几个儿子也很有才气，朝廷对他又是猜疑又是畏惧。

元嘉十三年（公元436年），宋文帝病了很久没有好转，将军刘湛向司徒刘义康进谗言："皇上万一去世，咱们就再也控制不住檀道济了。"正好这时文帝病情加重，刘义康便劝文帝召檀道济入京。檀道济的妻子向氏对他说："功勋超过时人，自古以来都被猜疑。现在没有什么事情皇上却召你入京，我们家一定将要有灾祸降临了。"

檀道济到建康后，在京城留了一个多月。宋文帝的病情稍有起色，就送他回去。檀道济已经到了码头，还没有出发，文帝的病情又突然加重。刘义康假称是文帝的诏令，召檀道济回去为他饯行，趁机把他抓了起来。

三月初八，宋文帝下诏杀死了檀道济和他的儿子檀植等十一人，只宽恕了他年

宋文帝老是打败仗，开始思念起刘宋的"万里长城"——檀道济来。

幼的孙子；又杀了檀道济的心腹，有关羽、张飞之称的司空参军薛彤、高进之。

檀道济被捕的时候，极度愤怒，眼中冒火，脱下头巾扔在地上，说："你们竟然毁坏自己的万里长城！"北魏人听说檀道济被杀死了，高兴地说："檀道济死了，江南那帮小子就没有什么可怕的了。"

元嘉二十七年，文帝再令众将北伐。宋军的东线屡遭困挫，被北魏一直逼到长江。刘宋朝廷震恐，老百姓甚至要挑着担子离开首都建康，王公以下的贵族子弟都要应征入伍。宋文帝登上石头城，面带忧色，长叹一声，对随行的人说："如果檀道济还在，胡人岂能猖狂到这个地步！"

▶ **道理解读** ◀

知人善任，用人不疑。宋文帝虽然有识人之才，也会使用人才，但是却因猜忌而杀了檀道济，也使得自己后悔莫及。知进退为高士。檀道济忠心耿耿，不想功高震主，最终被谋害，说明他思虑不够深远。

|齐 纪|
北魏孝文帝迁都

北魏孝文帝拓跋宏因为首都平城（今山西大同东北）无漕运之路，而且僻处北边，不利于控制中原，便向南发展，想要迁都洛阳。

到了冬天，平城气候寒冷，而且经常狂风大作，飞沙漫天，魏孝文帝准备把京都迁到洛阳的愿望愈发强烈。但他担心文武官员们不同意，于是提议大规模进攻南齐，想借机胁迫众大臣。

孝文帝召见任城王拓跋澄，对他说："我准备要做的这件事，肯定很不容易。平城只是用武力开疆拓土的地方，而不宜进行治理教化。现在，我打算进行改变风俗习惯的重大变革，想利用大军南下征伐的机会，将京都迁到中原，你认为怎么样？"拓跋澄说："陛下，您打算把京都迁到中原，用以扩大疆土，征服四海，这也正是以前周王朝和汉王朝兴盛不衰的原因。"孝文帝说："北方人习惯留恋于旧有的生活方式，这么做一定会引起惊恐和骚动，怎么办？"拓跋澄回答说："不平凡的事，原来就不是平凡的人所能做得了的。"孝文帝高兴地说："你可真是我的张子房呀！"

齐武帝永明十一年（公元493年），北魏开始南征，先是到达洛阳，之后意欲继续南下，随行的大臣和将士都十分辛苦。拓跋宏身着戎装，手执马鞭，正欲跨马出发时，文武百官拦住马头叩拜，谏阻南征。拓

孝文帝率领文武百官和大军南征，一路风雨泥泞，行军非常辛苦。

跶宏说："朝廷大计已经决定，大军将继续前进，你们还要说什么？"尚书李冲等说："今天的南征行动，全国的人都不愿干，只有陛下想那样做。我们有自己的想法，特来冒死进谏。"拓跋宏大怒说："我正在计划统一天下，而你们这些书生多次怀疑国家大计，不要再胡说啦！"说完，扬鞭策马，就要出发。安定王拓跋休等围住了拓跋宏，流着眼泪继续恳切地劝谏。拓跋宏告诉大家说："这次发动大军南征，声势不小，可是发动了却没有成效，拿什么向后人交代？我们世世代代住在幽州及北方地带，一直希望南迁中原。如果要我不南征，就应当把首都迁到洛阳，各位王公以为如何？愿意迁都的站在左边，不愿意迁都的站在右边。"南安王拓跋桢进言说："自古成大事业的人，办事不同一般人商量，而今陛下如果停止南征，迁都洛阳，这是我们的愿望，也是人民的幸福。"文武官员于是都一起高呼万岁。当时老一辈的鲜卑人都不愿迁往中原，但害怕南征，谁也不敢出言反对。迁都洛阳的大计，这时终于确定下来。

孝文帝还要再行军，实在坚持不住的大臣们跪在地上苦苦哀求，并同意迁都洛阳。

因为文武官员对迁都的事意见并不一致，拓跋宏于是问征南将军于烈："你的意见如何？"于烈说："陛下圣明，计划深远，不是那些愚昧和目光短浅的人所能看到的。但我心中计算，拥护迁都和怀恋故土的人，正好各占一半。"拓跋宏说："你既然不唱反调，就是拥护。我感谢你不唱反调对我的帮助。"于是，拓跋宏派他回平城留守，并对他说："留都的一切事务，都委托给你了！"

当年十月，孝文帝征召穆亮和李冲、董尔一起负责营建新都洛阳。任城王拓跋澄返回平城后，向留城的官员宣布迁都的消息。大家突然听到这一消息，都震惊不安，后经拓跋澄反复开导，才豁然开朗，终于接受了迁都的决策。

齐明帝建武元年（公元494年）十月，拓跋宏亲自到祖庙祭告祖先，随后命高阳王拓跋雍、镇南将军于烈恭奉皇家神主迁往洛阳。十一月，拓跋宏抵达洛阳，迁都成功。

道理解读

但凡重大的决断，一定要经过慎重的考虑，执行起来还要注意具体方法。魏孝文帝长久以来就想迁都，等自己有了主意后，通过争取得力臣下的支持，采用一定的策略，最终顺利迁都洛阳。

梁 纪
梁武帝出家当和尚

南齐大司马萧衍拥立和帝萧宝融，讨伐东昏侯萧宝卷，平定天下，立下了大功。梁天监元年（公元502年）二月，萧衍进封为梁王。四月，萧衍接受齐帝禅让，在南郊即皇帝位，梁朝正式取代南齐。萧衍就是梁武帝。萧衍在位时间达四十八年，期间尊崇佛法达到无以复加的地步，并曾多次舍身出家。

最初，梁武帝修建了同泰寺，又在宫墙上开设大通门来与之对应。萧衍早晚光临寺庙，都从大通门进出。

公元527年，梁武帝来到同泰寺，自己主动苦行。从寺里回到宫中之后，梁武帝宣布大赦天下，改年号为大通。

中大同元年（公元529年）九月，梁武帝亲临同泰寺，设置四部无遮大会。梁武帝脱下御服，换上法衣，行清净大舍，以同泰寺中的便省室为居所，于室内设素床瓦器，乘坐小车，以私人为执役，称为皇帝菩萨。随后，梁武帝升讲堂法座，为四部大众开讲《涅槃经》。数天后，朝廷文武群臣百官请求梁武帝还俗，梁武帝认为还俗需要拿钱来赎。于是，群臣用一亿万钱向佛、法、僧三宝祈求，以赎回皇帝菩萨，僧众们默许。两天后，群臣来到同泰寺东门，上表请求梁武帝回到皇宫。请了三次，梁武帝才同意。梁武帝三次都复了

信，文中都用了顿首一词，表示自己是个虔诚修行的普通人。

十月，梁武帝再设四部无遮大会，参加的僧俗有五万多人。大会之后，梁武帝乘坐金辂车回到皇宫，幸临太极殿，大赦天下，改年号为中大通。

中大同元年（公元546年）三月，梁武帝驾临同泰寺，就住在寺中为他设的便殿中，讲读佛教《三慧经》。到了四月，讲经结束，实行大赦，改年号为中大同。这天夜里，同泰寺佛塔发生火

梁武帝先后数次到同泰寺出家为僧，官员们被迫花费巨额资金把他"赎"回来。

梁武帝还大兴土木，役使苦力建造了大量的寺庙，百姓苦不堪言。

灾，梁武帝说："这是魔鬼造成的，应该大规模地举行佛事活动。"群臣都点头称是。于是，萧衍颁布诏书说："道虽然高，但魔更盛，行善遇到了障碍，就应该大兴土木，建造规模要成倍地超过以往。"于是，梁武帝开始兴建一座十二层的佛塔，建成前遇到了侯景叛乱，便中止了修建。这次梁武帝到同泰寺舍身的时候，为表示他对佛的虔诚，不但将自己舍了，还把宫里人和全国土地都舍了。群臣无奈之下，拿出更多的赎钱把皇帝和宫人、土地全部赎了回来。

太清元年（公元547年）三月，梁武帝再次来到同泰寺，像中大通元年那次一样，决定舍身事佛。几天后，焦急万分的梁朝文武百官给佛门捐钱为他赎身。十多天后，梁武帝回到皇宫，大赦天下，改换年号为太清，一如中大通年间的那次一样。

梁武帝还安排僧官，创立僧尼规诫，以管理和约束全国僧众。他还以皇帝的名义，下令在全国僧尼信众中强制实行素食制度。

梁武帝时，仅建康一地就建有佛寺五百余所，僧尼达十万；全国有寺院近三千所，僧尼不计其数。

但是，梁武帝佞佛，使得朝纲不振，民力维艰，各种矛盾日益激化，加快了梁朝的衰亡。

道理解读

治理天下，需要选择合适的策略。战乱之时，就不能简单地用说教和感化的方式统治国家。梁武帝意图使自己的统治长久，所以一味佞佛，想依靠佛教来巩固梁朝，结果不仅麻痹了自己，也拖垮了国家。

| 梁 纪 |

尔朱荣之乱

梁大通二年（公元528年）二月，北魏孝明帝元诩突然去世，胡太后将刚出生的皇女冒充皇子立为新皇帝。过了几天，胡太后又立年仅三岁的元钊为帝，想更长久地把持朝政。

当时，尔朱荣手握重兵，听说胡太后立了小皇帝，大怒，决定借机发兵剪除奸佞小人，另立一位年长的皇帝。

于是，尔朱荣上书朝廷，对元诩暴死的原因表示了怀疑，要求太后让他回到京城，参预国家大事，调查元诩的死因，诛杀朝中奸佞，然后另选合适的皇室成员继承皇位。

尔朱荣跟元天穆商量，认为故彭城武宣王元勰有功，他的儿子长乐王元子攸一向有很高的声望，想立元子攸为帝。尔朱荣的堂弟尔朱世隆当时在洛阳任直阁，尔朱荣便派侄子尔朱天光与亲信到洛阳，与尔朱世隆秘密商量。尔朱天光与元子攸见面后，详细陈述尔朱荣的心意，元子攸答应了。尔朱天光等人回到晋阳，尔朱荣仍然犹豫不决，便用铜为皇室的子孙铸造铜像，只有元子攸的铜像铸造成功了。于是，尔朱荣下定决心，从晋阳起兵。

胡太后得知后，非常恐惧，把王公大

胡太后擅自扶立了三岁的小皇帝，自己掌握大权，引起了尔朱荣的不满。

臣全部召进宫里商量。宗室大臣都很痛恨胡太后，没有人说话，只有中书舍人徐纥一个人说："尔朱荣敢起兵进犯朝廷，文武禁军绝对可以制服他。朝廷只要守住险要关口，以逸待劳，就能打败他们。"

胡太后认为徐纥说得对，就任命黄门侍郎李神轨为大都督，率领军队抵挡，副将郑季明、郑先护率领士兵守护河桥，武卫将军费穆屯兵小平津。

尔朱荣率领军队抵达河内（今河南沁阳）后，就派人秘密进入洛阳城，迎接元子攸。四月初九，元子攸与他的哥哥元劭、弟弟元子正悄悄地从高渚渡过黄河。初十，元子攸在河阳（今河南孟县附近）与尔朱荣会合，将士们都称元子攸万岁。十一日，大军渡过黄河，元子攸即皇帝位（孝庄帝），尔朱荣为侍中、都督中外诸军事、大将军、尚书令、领军将军，封爵为太原王。郑先护平时与元子攸交好，听说他已即位，就与郑季明一起打开城门，迎接尔朱荣的军队。李神轨抵达河桥，听说北中已经失守，就立刻逃了回来。费穆抛下军队，先投降了尔朱荣。胡太后得知后，便把元诩的后宫嫔妃召集起来，命令她们都出家，自己也准备出家。

之后，尔朱荣召集百官迎接皇帝车驾。十二日，百官捧着皇帝的玉玺、印绶，准备法驾，在河桥迎接孝庄帝元子攸。十三日，尔朱荣派骑兵抓获了胡太后

胡太后一再哀求尔朱荣，尔朱荣还是没有放过她，把她和小皇帝都扔进了黄河。

和小皇帝，把他们送到河阴（今河南洛阳东北）。胡太后一再哀求尔朱荣放过自己，尔朱荣不听，拂袖而起，下令把胡太后和小皇帝沉入黄河。随后，尔朱荣又借祭天之机，纵兵将王公众臣两千余人全部杀害。

尔朱荣入洛阳后，一直专制朝政。孝庄帝经过一番密谋，利用朝见之机杀死尔朱荣。随即，尔朱荣族人尔朱兆、尔朱世隆等从山西率骑兵进入洛阳，杀孝庄帝，另立元恭为帝（节闵帝），引起军政大乱。冀州刺史高欢借诛平尔朱之乱起兵，进而自己挟制天子。在尔朱荣被杀后四年，北魏分裂为东魏与西魏。

道理解读

一个巴掌拍不响。任何事情的出现和发展都受许多因素的影响。胡太后擅权废立新君为本来就有野心的尔朱荣提供了兵变的口实，尔朱荣之死和尔朱氏之乱又为高欢家族的崛起制造了一个恰当的契机。

|梁 纪|
韦孝宽坚守玉壁城

梁中大同元年（公元546年），东魏丞相高欢发动崤山以东的全部兵马，准备讨伐西魏。九月，高欢大军抵达并州的玉壁（今山西稷县西南），将玉壁城团团包围。此前，西魏并州刺史已经由韦孝宽接任。高欢军队向玉壁守军挑战，守军只在城内坚守，并不出来作战。

高欢的军队白天黑夜连续不停地进攻玉壁，韦孝宽则随机应变，指挥军队抵抗他们的进攻。玉壁城里没有水源，要从汾河取水，高欢就派人用一个晚上的时间把汾河水改道，断绝了城内的水源。

高欢在城南堆起一座土山，想利用它攻入城里。玉壁城上有两座城楼，韦孝宽让人把木头绑在城楼上，高于东魏堆的土山，以便于抵挡敌方的进攻。

高欢派使者告诉韦孝宽说："就算你把城楼架到天那么高，我还会挖地洞攻取你。"于是，高欢派人挖掘了十条地道，又采用"孤虚法"，聚集人马进攻城北。韦孝宽让人挖了一条很长的壕沟，用来阻挡高欢的地道。他挑选士兵

韦孝宽派士兵在大沟上驻守，随时擒杀穿过地道到达大沟的东魏军。

在大沟上驻守，每当东魏军穿过地道到达大沟，士兵都能把他们擒获或者杀掉。韦孝宽又命人在沟外堆了很多柴火，一旦东魏军进入地道，就把柴草点燃、塞进地道，用皮排鼓风，地道里的东魏军往往被烧得焦头烂额。

东魏军又用攻城战车撞击城墙，西魏无法抵挡。韦孝宽就用布缝制成布幔，顺着战车进攻的方向张开。布悬在空中，战车无法发力将其撞坏。东魏军又将松、麻绑在车前的长竿上，在里面灌上油点燃，用来烧毁布幔，还想焚烧城楼。韦孝宽让人制造了锋利的长钩，等着火的长竿快到的时候，用长钩远远地将其砍断。东魏军又在玉壁城四周挖了二十条地道，在地道里用木柱撑住城墙，然后放火焚烧，木柱折断，城墙崩塌。韦孝宽在崩塌的地方重新竖起木栅栏，东魏军仍旧无法攻入。

东魏在城外已经用尽进攻的方法，韦孝宽在城里守卫抵挡的办法还很多。高欢不知道该怎么办，就派使者劝说韦孝宽，说："你独守孤城，西方没有援兵，恐怕最后还是不能保全。为何不投降呢？"韦孝宽回答说："我的城池坚固，士兵粮草富足有余；进攻的人辛苦，守城的人却很安逸。哪有不到一个月，就需要救援的？我倒是担心你们有回不去的危险。韦孝宽是关西男子汉，一定不会做投降将军！"使者又对城里的人说："韦孝宽享受西魏富贵功名，也许还

可以这样做，其余的士兵和百姓为什么要跟他一起赴汤蹈火呢？"随即，高欢派人用箭向城里射去悬赏捉拿韦孝宽的赏格，上面写着："能斩杀韦孝宽来投降的人，就拜为太尉，加封开国郡公，赏赐绢帛一万匹。"韦孝宽亲手在赏格背面写上字，又射回城外，上面的内容是："能斩杀高欢的人，也可以得到这些。"

韦孝宽派人用布制成布幔，来抵挡高欢的战车，十分奏效。

东魏军围攻玉壁城五十天，士兵战死的和病死的一共有七万人，被埋在一个大坟墓里。高欢的体力智谋都已困乏，因此旧病复发。一天夜里，有流星坠落在高欢的军营里，东魏的士兵都很吃惊恐惧。十一月初一，久攻不下的东魏军队解除包围离去。

🌰 道理解读 🌰

在敌我相持的状态下，要想取得最终胜利，必须具备坚韧的战斗精神。韦孝宽明辨敌我势力，在敌人以全局攻我一域、水源断绝的情况下，选择合适的斗争方式，坚持不懈地和敌人斗智斗勇，最终取胜。

|梁 纪|

侯景之乱

梁太清二年（公元548年），从东魏归降梁朝的河南王侯景看到萧衍要与东魏重归于好，非常不安，在得知萧衍企图以自己换回被东魏俘获的萧渊明时，便开始勾结朝内的萧正德起兵反叛。

侯景兵力不多，但一路势如破竹，迅速逼近建康。城内的都官尚书羊侃有条不紊地安排布置防守。九月二十四日，萧正德等人迎接侯景渡过秦淮河。这时，公卿贵族大多或逃或叛。二十五日，侯景布阵包围台城，叫人放火焚烧大司马门及东华、西华等门。羊侃让人在门上凿孔，灌水灭火。侯景造了几百个木驴用来攻城，城上的士兵就扔下石块把它们砸碎。侯景又将木驴改为尖颈，石头砸不破，羊侃便让人用火烧光了木驴。侯景制造登城楼车，想从高处向城里射箭。战车很高，壕沟上的土很虚，战车站不住，最后轰然倒下。

侯景见一时不能攻克台城，士兵战死和受伤的很多，便修筑长围墙将皇城内外隔断开。之后侯景还是屡攻不克，军士人心离散，士气低迷，而且石头城里的粮食已经吃完，于是侯景开始纵容士兵掠夺，导致米价顿时暴涨，饿死了很多人，出现了人吃人的情况。

到了次年二月，侯景见台城短时间内无法攻克，而各地勤王的援军越来越多，

侯景率兵猛烈攻打皇宫，皇宫里面的士兵奋力抵抗。

八十多岁的梁武帝想吃蜜却得不到，活生生气死了。

三月，侯景挖开玄武湖，引水灌城。十二日，侯景到太极殿东堂进见萧衍。萧衍神色不变，问侯景说："你在军中很久了，难道不辛苦吗？"侯景十分惊慌，不敢抬头回答，汗流满面。萧衍又问："你是哪个州的人，胆敢如此？妻儿还在北方吗？"侯景也不能回答。萧衍再问："当初你渡江的时候有多少人？"侯景说："一千。"萧衍说："包围台城的时候有多少人？"侯景说："十万。"萧衍问："现在有多少人？"侯景说："四海之内没有不属于我的人。"萧衍低下头，不再说话。

十四日，侯景派人带上萧衍的诏书，解散城外的援军。各路援军见大势已去，而且没有一个领头的人，只好各回原地。

萧衍为侯景所制，大部分要求都得不到满足，忧愤之下病倒了。五月初二，萧衍嘴里发苦，索要蜂蜜而没有得到，嘴里"嗬！嗬"地叫了两声，就死了。

自己的粮食也快要吃完，就向萧衍求和，打算骗得暂时缓和，以图再行进攻。

萧衍答应与侯景讲和，双方订立了盟约。但之后侯景并没有解除原来的包围，而是集中力量修缮武器铠甲，找出种种借口来拖延时间。萧衍平时总是吃素，等到台城被围日久，御厨中的蔬菜都吃完了，就只好开始吃鸡蛋。

侯景将东城的粮食运走后，见荆州前来讨伐的军队已经撤退，各地赶来的援军虽多，但相互不能统一，便重开战端。

这时，城内人死亡殆尽，能登上城墙防守的不满四千人，而且都瘦弱不堪。大家将希望都寄托在外面的援军身上，而援军首领每日只知饮酒取乐，无所作为。

随后，侯景立太子萧纲为帝（简文帝），独揽朝纲，派兵攻掠三吴等地。大宝二年（公元551年）八月，侯景废简文帝自立。

承圣元年（公元552年），王僧辩与陈霸先攻占建康，侯景为其部下杀死，持续四年之久的叛乱终告平定。台城陷落后，萧衍子孙间争夺帝位的斗争迅速激化，萧氏彻底衰亡。

道理解读

人心齐，泰山移。如果人心不齐，又能办成什么事情？侯景兵力不多，又无声望，之所以能够击败军队众多的朝廷，幽禁梁武帝，主要还在于梁朝廷内部的不和谐，人人怀有私心。若朝廷内外齐心，众志成城，侯景又岂能得逞？

|陈纪|
陈后主骄奢亡国

公元583年，陈后主陈叔宝以太子的身份，继位成为陈朝的皇帝，改元至德。陈叔宝做了皇帝以后，不好好地治理国家，反而大兴土木，宠爱女色，荒淫无度。

至德二年（公元584年），陈后主在皇宫光昭殿前修建临春、结绮、望仙三座楼阁。每座都有几十丈高，一连几十间，窗户、壁带、悬楣、栏杆、门槛都是用沉香木和檀香木做的，用黄金、玉石夹杂着珍珠装饰，外面都挂着珠帘，里面有宝床、宝帐，衣物与玩物瑰丽精美，近古以来从来都没有过。每当微风吹过，几里内都能闻到香味。楼阁下面用石头堆成假山，引水为池，奇花异草相间种植。

陈后主自己住在临春阁，张贵妃住在结绮阁，龚、孔两贵嫔住在望仙阁，楼阁之间都有复道往来。王美人、李美人、张淑媛、薛淑媛、袁昭仪、何婕妤、江修容等人也受到陈后主的宠爱，经常到三座楼阁上游玩。后主又任命宫女中晓通文学的袁大舍等人为女学士，经常与她们一起赋诗游玩。

尚书仆射江总虽然是宰相，自己却不处理政务，每天都和都官尚书孔范、散骑常侍王瑳等十几个文官，侍奉后主在皇宫后庭游玩宴饮，没有尊卑次序，被称为"狎客"。陈后主每次设宴饮酒，都让各位嫔妃与学士及狎客一起赋诗，互相赠答，选取特别艳丽的，谱

陈叔宝做了皇帝以后，不理国政，却宠爱女色，赋诗戏酒，荒淫无度。

上新曲，挑出几千个宫女练习歌唱，分成几个部分依次进行。歌曲有《玉树后庭花》、《临春乐》等，大多是赞美各位嫔妃的容貌姿色的。陈国君臣们每次饮酒唱歌，通常都通宵达旦。张贵妃长得一头乌黑的长发，十分聪慧，所以特别受陈后主的宠幸。张贵妃便和陈后主身边的宦官一起横行不法，公卿大臣纷纷阿附他们，朝纲十分混乱。

后来，隋朝军队攻进建康时，陈后主和张贵妃等人在一口枯井中被俘。开皇九年（公元589年）三月初六，陈后主及陈国的王公百官从建康出发，前往长安，跟随前往的人员前后五百里连绵不断。隋文帝命令将长安士民的住宅暂时划分出来，内外都修治整齐，用以接待陈后主他们，并派遣使者迎接慰劳，陈朝人到达以后就像回到了家乡一样。

四月二十三日，隋文帝坐在广阳门观阙上，让人把陈后主、太子和诸王二十八人，以及自司空司马以下到尚书郎共二百多人，带到他面前。隋文帝派纳言宣布诏令慰劳他们，接着又派内史令宣布诏令，责备他们君臣不能互相辅助，以至于使国家灭亡。陈后主和他的群臣都感到惭愧惧怕，伏在地上，屏住呼吸，不能答话。隋文帝随后宽恕了他们。

隋文帝给陈后主的赏赐非常丰厚，几次接见他，都让他与三品官员同列。每次陈后主参加宴会，隋文帝担心会引起他伤

隋军攻进陈朝的皇宫，在一口枯井中发现了陈后主和张贵妃，把他们拉出来，俘虏了他们。

心，就不许演奏吴地的音乐。后来，看守陈后主的官吏上奏称："陈叔宝说：'没有官职，却又总是参加各种朝见集会，不太方便，希望能得到一个官号。'"

隋文帝感慨地说："陈后主真是没有心肝！"看守的官吏又报告说："陈后主经常喝醉，很少有清醒的时候。"隋文帝问他说："喝多少酒？"看守官吏回答说："每天和他的子弟喝一石酒。"隋文帝十分惊讶，命令节制他喝酒。过了不久，隋文帝又说："随便他吧。不然，他怎么打发日子呢！"

📖 道理解读 📖

生于忧患，死于安乐。条件优越，却不可一味只是贪图享乐，骄奢淫逸，不思进取，否则就会亡国丧身。陈后主把大好的陈国葬送了，把自己的身家性命也交给了隋朝。

| 隋 纪 |

隋文帝统一天下

北周杨皇后的父亲杨坚任丞相，能力、地位、声望都很高。宣帝很忌惮他，曾经在生气的时候对杨皇后说："一定要杀你全家。"宣帝召见杨坚，对左右侍从说："如果他变了神色，就立刻杀了他。"杨坚到后，神色自若，宣帝只好作罢。

陈太建十二年（公元580年）五月初五，北周任命杨坚为扬州总管。在出发前，杨坚突然得了脚病，没能成行。几天之后，宣帝得急病而死。

因为继位的静帝宇文阐年幼，于是大臣们商议让杨坚辅政，担任左丞相。杨坚掌权后，在朝廷内外清除异己，培植党羽，很多有才能的官员都愿意为他效劳，杨坚也能够充分利用他们，使得自己的权势越来越大。相州总管尉迟迥不满杨坚擅权，发兵起事，被杨坚派人镇压。宇文氏亲王多被杨坚架空，有对杨坚不满的都被杀死。

北周进而任命杨坚为大丞相，废除了左、右丞相的官职。后来，又任命杨坚为相国，总理朝廷各项事务，进封隋王。

陈太建十三年（公元581年）二月初四，杨坚接受相国、百揆和九锡之封，并

杨坚辅佐年幼的周静帝，掌握了大权，引起朝中宇文氏诸王的强烈不满。

建立隋国的官府，设置官吏。十四日，静帝禅位，杨坚登基称帝（隋文帝），建立隋朝，改年号为开皇。杨坚治国兢兢业业，同时大肆屠戮原宇文氏诸王，秘密暗杀了退位的静帝。苏威和高颎因为才能出众，得到杨坚重用。这二人同心协力，使得隋在禅代北周后仅仅数年间，天下便告治平。

陈祯明二年（公元588年），隋文帝杨坚派杨广、杨浚、杨素、韩擒虎、贺若弼等人率五十多万大军出师伐陈。隋师出发后，各路军队迅速推进，很快抵达长江北岸。然而陈后主却依然漫不经心，没有布置防备，仍然不断地欣赏奏乐、歌舞，不断地与妃子和臣下纵酒、赋诗。

隋开皇九年（公元589年）正月，隋军渡过长江，攻下建康，生擒了陈后主，陈国被全部平定。杨坚诏令将建康的城邑宫殿房屋全部摧毁拆除，将房基开垦为耕地，另外在石头城设置蒋州。

杨坚封赏灭陈的有功将士，授尚书左仆射高颎为上柱国，进封爵位为齐公。隋文帝让高颎和贺若弼理论各自在平陈战斗中的功绩，高颎说道："贺若弼先提出过平陈十策，后又在蒋山拼死鏖战打败陈军。而我不过是一位文职官吏，怎么敢和他争论功劳大小！"文帝听后大笑，称赞高颎的谦让之风。

平定陈朝以后，隋朝地方官吏完全

杨坚在平定陈朝后，对手下的得力大臣高颎和贺若弼等人十分欣赏。

改变了江南地区刑罚宽松、执行不严的情况。尚书右仆射苏威又撰写了《五教》，令江南百姓无论男女老少都得熟读，因此士民抱怨。当时江南民间又传言隋朝将要把百姓都迁徙到关内去，都很惊惶。于是，在陈原来管辖的境内各地，发生了多起反叛，各地互相声援，声势日大。隋文帝命杨素为行军总管，率军前去讨伐。杨素南下，所向无敌，江南迅速被平定。

隋初，隋文帝杨坚实行了政治改革，推行三省六部制和科举制，简化地方官制，改革府兵制度，制订《开皇律》，废除了一些繁苛的律文；经济上继续实行均田制，设置义仓，有力地促进了经济的发展。

◆ 道理解读 ◆

　　顺应时势，创造有利条件，是一个人取得成功的必要条件。杨坚身份和地位特殊，又能够笼络一批人才为自己效力，所以实现了夺权和统一。杨坚还能改革时弊，顺应社会发展，所以能够取得斐然的成就。

| 隋 纪 |

隋炀帝修大运河

　　仁寿四年（公元604年），太子杨广勾结尚书左仆射杨素害死隋文帝，即皇位，他就是隋炀帝。

　　隋炀帝继位后，各地反对的声音不断。为了加强对地方的控制、扩大南北漕运，同时也为了满足自己的享乐欲望，隋炀帝征发数百万民夫开始开凿南北大运河。隋炀帝修建大运河的工程共分四段先后进行。

　　大业元年（公元605年），隋炀帝命尚书右丞皇甫议征调河南、淮北各郡民众前后总计一百余万，开凿通济渠。通济渠起于洛阳城，西引涧水、洛水入黄河；又从板渚把黄河水向东引入汴水，再引入淮河。第一段工程沟通了洛水、黄河和淮河。当年八月，炀帝便从水路巡游江都（今江苏扬州）。这次巡游，隋炀帝乘坐着装饰豪华的巨型龙舟，随行的各种船只有数千艘，绵延两百多里，同行的有后宫、诸王、百官、僧道和士兵，船上还装载着大量供百官使用的物品。当时两岸有骑兵护送，还动用了三万民夫拉纤。龙舟所过的州县，沿途五百里内，都要献上丰厚的食品，献得多的州甚至要出动一百辆车来运送。后宫佳丽们都吃腻了，怎么也吃不完，干脆就将美

隋炀帝为了自己的享乐，大肆役使民力开凿大运河。

食扔掉或者埋掉，浪费极大。而很多献食的百姓却因此倾家荡产。

同年，隋炀帝又征发十几万淮南民众开凿邗沟。

大业四年正月，隋炀帝又下令征调黄河以北的各地军队一百多万人前去开凿永济渠，引沁水向南入黄河，向北通涿郡（今北京以西）。由于男丁不够，大量的妇女又被强行征调去开凿运河。

大业六年，隋炀帝再次经运河巡幸江都，并在这一年提升江都太守的品级，使之与京尹相同。同年，隋炀帝敕令开凿江南运河，从京口到余杭，长八百余里，宽十多丈，并在沿岸设置驿站、行宫、野外停顿处，目的是使龙舟可以通行无阻，以方便隋炀帝东游会稽。

大业七年，隋炀帝从江都巡游到涿郡，一路乘坐龙舟，渡过黄河，进入永济渠。在巡游过程中，隋炀帝敕令四部官员在船上选任调补全国官吏。参加选补的有三千余人，有的很辛苦地跟随船步行了三千余里，没有得到任用，因为受冻挨饿，疲劳不堪，不断有人死亡。

隋炀帝开凿运河，四处巡幸征讨，过度役使民力，使得百姓生活十分艰难，无奈之下开始聚集起来做强盗。邹平人王薄、漳南人窦建德等聚众率先起义，各地民众开始纷起响应，朝廷一再派兵镇压，却没有取得预期的结果。

大业十二年，隋炀帝不顾中原战乱四起，再次经由运河南巡江都，一去就是一年多。隋炀帝与皇后以及宠幸的美女到处宴饮作乐，酒杯几乎从不离口，随从的其他一千多美人也都经常一起喝醉。公元618年，随行的将士密谋发动了政变，在江都绞死了隋炀帝。隋炀帝本来准备了毒酒带在身边，准备遇难前服毒自杀，而到最后时刻索要毒酒的时候，左右侍从都逃跑了，隋炀帝未能如愿。

唐代以后，隋炀帝让人开凿的这条大运河成了南北运输的大动脉，加速了南北的经济文化沟通，进一步促进了江南地区的开发，使得中国的经济中心最终由北方转移到南方，长江下游地区也由此成为中国最繁荣富庶的地区。

运河开通以后，隋炀帝不断四处巡游，铺张浪费。

隋 纪

李渊起兵

李渊是陇西大贵族，隋代周后，继承祖爵，袭唐国公。大业十一年（公元615年），隋炀帝派李渊为山西、河东抚慰大使，后为太原留守，驻节晋阳。

隋炀帝在太原郡有一个离宫叫晋阳宫，晋阳宫的负责官员裴寂和李渊的交情很深。李渊的二儿子李世民聪明、果敢，见识胆量过人，喜欢礼贤下士，结交宾客，志向也很远大。

晋阳令刘文静看到李世民后，认为他很不一般，就与之结交。刘文静后因罪被囚禁在太原监狱，李世民去探望他。刘文静说："天下大乱，没有汉高祖、汉光武帝那样的贤才是不能安定的。"李世民反问说："你怎么知道没有？你有什么计策吗？"刘文静回答说："现在皇帝在南方巡游江淮，李密围逼东都，各路盗贼数以万计。在这个时候，如果有真命天子能够充分利用当下形势，则夺取天下易如反掌。太原百姓为了躲避盗贼都搬进城里，如果把其中的豪杰之士集中起来，可得到十万人，而你父亲的军队也有几万人。以这些兵力乘虚入关，号令天下，不出半年，帝王之业就可完成。"李世民笑着说："你的话正合我意。"于是，李世民暗中开始部署宾客，由于担心李渊不答应，犹豫了很久，都不敢告诉他。

李世民等人起初劝李渊起兵，李渊觉得时机还不成熟，没有答应。

由于裴寂经常和李渊在一起宴饮交谈，刘文静便把他引见给李世民。李世民把自己的谋略告诉了裴寂，裴寂答应为他们劝说李渊。

恰好这时突厥人侵犯马邑，李渊派王仁恭和高君雅前去迎敌，结果交战失利，李渊担心被治罪，正为此事十分忧虑。李世民借机劝他起事。李渊听后，有所心动。

裴寂私下曾用晋阳宫的宫女侍奉李渊。裴寂对李渊说："二郎暗中训练兵马，要起兵举大事，因此我私下违禁让宫女侍奉您，如果事情败露出来，我们都会灭族。现在大家已经在一条船上，您意下如何？"于是，李渊最终下决心起兵。当时李渊的另外两个儿子李建成、李元吉还在河东，所以李渊有所顾虑，一再拖延。

叛将刘武周占据了汾阳宫后，李渊以平叛为名，命令李世民与刘文静等人各自募兵，十天之内有近万人应募。同时，李渊秘密派人去召李建成、李元吉等人。太原副留守王威和高君雅发觉事态不对，对李渊产生了怀疑，想借机除掉他。

义宁元年（公元617年）五月十五日早晨，李渊借和王威、高君雅一起处理政务的机会，暗中指使刘文静带开阳府司马刘政会进来站在厅堂里，说有告密状纸。李渊示意王威等接过状纸，刘政会不给，说："告发的就是副留守的事情，只有唐

李渊命令李世民与刘文静等人各自募兵，十天之内有近万人应募。

公能看。"李渊假装十分吃惊，看过状子后，便说："王威、高君雅暗地勾引突厥来侵掠。"刘文静当即带人将王威、高君雅抓起来投进监狱。

十七日，突厥果然前来侵犯晋阳。李渊命人把各城门都打开，突厥人不知虚实，不敢进入。由此，大家都以为确实是王威、高君雅把突厥人招来的，李渊于是借机将二人处死。之后，李渊派军队在夜里悄悄出城，早晨则张旗鸣鼓从别的道路上开来，装作是援军来到了。突厥人一直看不明白晋阳的动静，在城外逗留了两天，便大肆抢掠而去。

随即，李渊正式起兵自立。

➤ 道理解读 ➤

瓜熟蒂落，水到渠成。一切条件都准备好了，事情就自然而然地做到了。李世民等人对时势的了解非常透彻，认为可以起事，所以劝告李渊。李渊老谋深算，在将所有顾虑一一打消之后，能够准备充分地起事，为最终的成功打下了基础。

| 唐 纪 |

李世民扫平四海

唐朝建立后，各地的割据势力还雄踞一方，互相征战牵制，威胁着唐的统治。秦王李世民在扫平这些割据势力中立下了卓越功勋。

武德元年（公元618年），唐高祖李渊任命秦王李世民为元帅，攻打薛仁杲。李世民抵达高墌后，薛仁杲派宗罗睺率领精锐部队抵挡李世民。宗罗睺几次挑战，李世民都坚守营垒，不肯出兵迎战。

相持了六十多天，薛仁杲的粮草用尽，将领梁胡郎等人率领部下投降。李世民得知薛仁杲的将士人心离散，就命令行军总管梁实在浅水原（今陕西长武东北）扎营，引诱敌军。宗罗睺见唐军出兵扎营，不知真假，便出动全部精锐兵力进攻梁实。梁实扼守险要，不出兵交战，苦苦

防守支撑。宗罗睺的攻击一直非常猛烈。

李世民估计敌军已经疲惫，于是告诉各位将领说："可以进攻了！"天色微亮，李世民命令右武侯大将军庞玉在浅水原布阵。宗罗睺集中兵力进攻庞玉，庞玉十分吃力地抵挡住了敌人的攻势。李世民率领大军出人意料地从浅水原北边冲过来，宗罗睺只好率领军队回头迎战。李世民率领几十名骁勇的骑兵率先冲进敌阵，唐军内外奋力攻击，呼声震天动地。宗罗睺的军队大败，薛仁杲只得出城投降，李世民获得了精兵一万多人。

武德二年（公元619年）九月，依附突厥的刘武周派兵攻占并州，唐高祖派李世民带领军队去征讨他。李世民领兵渡过

李世民一马当先，率领骑兵冲进敌阵，薛仁杲的军队大败。

黄河后驻扎在柏壁，跟刘武周的部将宋金刚对峙。李世民采取坚守城堡的办法，不去和宋金刚交战。将领们都要求跟宋金刚开战，李世民说："刘武周占据并州，靠宋金刚作为屏障。宋金刚孤军深入，全部精兵猛将都在这里。但他没有储备粮食，以抢劫来供应军需，只希望速战速决。我方应该养精蓄锐，挫败他的锐气，分兵作战，袭击他的要害。等他粮食吃完，无利可图，肯定要退走时，我们就可以趁机行事了。现在还不能出战。"李世民还派部将殷开山、秦叔宝等人袭击宋金刚手下大将尉迟敬德、寻相等人的部队，打了胜仗以后立即又回到柏壁来。最后宋金刚军中粮食吃光，士气低落，不得不北撤。李世民迅即率军自后面掩杀，一再大败敌军。宋金刚准备逃到上谷，结果被突厥人杀了。不久，刘武周也被突厥人杀死，他原来占据的地方都归入唐朝。

唐武德四年（公元621年）二月，秦王李世民讨伐郑王王世充，进攻洛阳。李世民率军包围了洛阳城，但由于城中守卫严密，唐军从四面昼夜不停地进攻，过了十多天还没有将其攻下。

三月，实力强大的夏王窦建德发兵援救洛阳，在成皋东边的平地上扎营，与王世充互通消息。李世民用计击败并俘获了窦建德。王世充见窦建德被俘，只得投降。李世民攻占了洛阳。

同年七月，窦建德的老部下刘黑闼聚众起兵，袭击并占领了漳南县，势力发展很快。之后，刘黑闼先后击败李世勣等人，全部恢复了当初窦建德的领地。眼看刘黑闼兵强马壮，无人能挡，唐高祖李渊便派秦王李世民去镇压。李世民与刘黑闼相持了六十多天，并未占上风，后用计水淹敌军，大败后的刘黑闼与范愿等二百人骑马逃往突厥。唐朝平定了整个山东地区。

李世民因为功劳太大，无前代封号可加，唐高祖便特封其为天策上将，位在王、公之上。

王世充见窦建德都被打败了，只好献出洛阳，投降了李世民。

|唐 纪|
玄武门之变

武德九年（公元626年），天下已定，太子李建成、齐王李元吉妒忌秦王李世民的军功，便与后宫的嫔妃一起，日夜在高祖李渊面前说李世民的坏话；同时想尽种种办法，或是治罪关押，或是任职外派，或是诬陷驱逐，把李世民身边的人弄走，以削弱他的力量。李世民身边的谋士大将十分担忧，劝李世民主动出击，李世民有些犹豫。

是年，突厥入侵，李建成推荐李元吉代替李世民督率各军北伐。李元吉请求派李世民手下大将尉迟敬德、程咬金等一起前往，还挑选秦王军中的精锐士兵充实自己的军队。李建成见李元吉已经得到了李世民的军队，就让他趁李世民为他饯行的时候，埋伏武士杀掉李世民。李世民得知后，便与长孙无忌、尉迟敬德、房玄龄、杜如晦等人商议，决定先发制人，诛杀李建成和李元吉。

六月初三，李世民呈上密奏，称李建成和李元吉与后宫嫔妃淫乱，而且说："我没有丝毫对不起哥哥与弟弟的地方，但现在他们却想杀我，像是要为王世充和窦建德报仇。我如果今天含冤而死，魂魄回到地下，见那些被我诛杀的贼人时我会感到羞耻！"李渊看了奏章后，惊愕不已，答应次日调查这件事。

身边的谋士大将都劝说李世民先下手为强，李世民开始时还有所顾忌。

初四，李世民率领长孙无忌等人提前入朝，在玄武门埋伏好士兵。张婕妤暗中得知了李世民上表的内容，急忙告诉李建成。李建成把李元吉叫来商量，李元吉有些担心，说："我们应当控制住东宫与齐王府的军队，借口生病，不去上朝，以观察事态。"李建成则很自信，说："我们军队的防备已经很周密，我与你应当入朝参见，亲自探听消息。"二人于是一起入宫，走向玄武门。李建成与李元吉走到临湖殿的时候，察觉到情形不对，立刻调转马头，准备返回东宫和齐王府。李世民从后面叫他们。李元吉拉开弓射李世民，拉了好几次都没有把弓拉满。李世民一箭将李建成射杀。尉迟敬德带领骑兵七十人随即赶到，把李元吉射下马来。李元吉想逃到武德殿，尉迟敬德追着射杀了他。

李世民见李建成要逃走，就一箭射杀了他。

翊卫车骑将军冯立听说李建成死了，就与副护军薛万彻等人率领东宫和齐王府的精兵两千人，迅速赶往玄武门。守卫玄武门的士兵与薛万彻等人奋力交战，薛万彻擂鼓大喊，准备进攻秦王府。这时，尉迟敬德提着李建成和李元吉的首级给他们看，东宫和齐王府的兵力立刻溃散，薛万彻等人扔下兵器逃跑了。

这时，高祖李渊正在海池划船，李世民让尉迟敬德入宫宿卫。尉迟敬德穿着铠甲，手握长矛，直接来到高祖所在的地方。李渊大惊，问他说："今天谁作乱？你到这里来干什么？"尉迟敬德回答说："秦王因为太子和齐王作乱，举兵诛杀了他们。唯恐惊动了陛下，所以派臣来宿卫。"李渊对裴寂等人说："想不到今天竟然会发生这样的事，该怎么办呢？"大臣们都说："建成与元吉本来就没有什么功劳，还嫉妒秦王功高望重，一起阴谋陷害秦王，现在秦王已经诛杀了他们。秦王功盖寰宇，天下归心，如果陛下能够立他为太子，委以国家大事，就不会再有什么事情了。"李渊说："好！这也正是我一直的心愿啊。"

初七，李渊立李世民为皇太子。八月初八，李渊下诏将皇位传给李世民。次日，李世民登基即皇帝位。

🔖 **道理解读** 🔖

先发制人，后发制于人。在关键时刻，李世民对李建成和李元吉能够先揭露其罪恶，占据优势地位，然后痛下杀手，显得英明而果敢。但是，司马光对唐高祖立长不立贤和李世民兄弟睨墙的做法都很有意见。

唐 纪
贞观之治

李世民即位为帝后，改年号为贞观，李世民即是唐太宗。太宗居安思危，励精图治，任用贤良，从谏如流，实行轻徭薄赋、疏缓刑罚的政策，终于促成了国家富强、社会安定、百姓安居乐业的盛世升平景象，史称"贞观之治"。

太宗曾对身边的大臣说："君主依靠国家，国家依靠百姓。剥削百姓侍奉君主，就像割下身上的肉来充饥，吃饱了人也死了，君主虽然富足而国家就将灭亡。所以君主的忧虑，不是来自于外界，往往是来源于自身。欲望多则花费大，花费大则赋税繁重，赋税繁重则百姓忧愁，百姓忧愁则国家危殆，国家危殆则君主不保。朕经常考虑这些，所以从来不敢放纵自己的欲望。"

贞观五年（公元631年），太宗下诏说："从今以后凡是死罪，即使下令立即处决，也要三次复奏后才能执行。"结果很多被冤枉或是判刑过重的人，因此而免于死罪。有一年，唐太宗下令释放在押的死刑犯，让他们回家与家人诀别后再来受死，没想到这些人全部按时回来了。唐太宗于是全部赦免了他们。

杜如晦与房玄龄是李世民的得力助手，前者善于谋划，后者善于决断。太宗即位后，房玄龄为尚书左仆射，杜如晦为尚书右仆射。二人并称贤相，将太宗朝的政事处理得井井有条。

魏徵常常冒犯龙颜坚持劝谏，太宗也往往最终接受。有一天，魏徵入宫觐见，对太宗说："我有幸侍奉陛下，希

李世民勤于治国，批阅奏章时经常通宵达旦。

李世民以水和舟的关系比喻百姓和君主，并以此一再教育太子。

望陛下让我做良臣，不要让我做忠臣。"太宗不解地问："忠臣、良臣有什么区别？"魏徵回答说："稷、契、皋陶，和他们的君主齐心协力，共享尊贵荣耀，这是所谓的良臣。关龙逢、比干，朝上当面诤谏，最后却落个身死国亡，这就是所谓的忠臣。"魏徵死后，太宗对身边的大臣说："人们用铜做镜子，可以端正衣冠；用历史做镜子，可以观察历代的兴衰更替；用人做镜子，可以知道自己的得失。魏徵死了，朕失去了一面镜子啊！"

太宗曾经问身边的大臣："创业与守成哪个更难？"房玄龄说："建国之初，我们与群雄一起举义，以实力相竞争，然后使群雄臣服，创业难啊！"魏徵不同意房玄龄的说法，说："自古以来的帝王，都是从艰难中夺取天下，在安逸中失去天下，应该是守成更难！"太宗感慨地说："玄龄与我共同夺取天下，出生入死，所以知道开创大业的艰难。魏徵与我共同安定天下，经常担心因为富贵而生出骄傲奢侈，因为轻忽而生出灾祸变乱，所以知道守成的艰难。然而创业的艰难，已经过去了；守成的艰难，正应当与各位慎重面对。"房玄龄等人叩拜，说："陛下这样说，这真是天下百姓的福气！"

太宗立晋王李治为太子，曾经对身边的大臣说："朕自从立李治为太子，遇到事情就趁机教诲。看到他吃饭，就说：'你知道耕种的艰难，才能经常吃上饭。'看到他骑马，就说：'你知道马的劳逸，不要一次耗尽它的力量，就能经常骑它。'看见他坐船，就说：'水能载舟，亦能覆舟。百姓就像水，君主就如舟。'看见到他在树下休息，就说：'木头经过墨线矫正则直，君主接受劝谏才能圣明。'"

唐太宗与群臣讨论消灭强盗的方法问题。有人主张制订严刑峻法，太宗不以为然，认为百姓之所以做强盗，是因为赋役太重，官吏贪暴，以至于饥寒交迫，才铤而走险，所以应该减轻赋税和徭役，整顿吏治。于是，贞观初年的赋税和徭役一直定的比较低。如此过了几年，天下太平，政治清明，路不拾遗，夜不闭户，客商行旅可以在野外露宿。

❧ 道理解读 ❧

　　治世都是上下齐心努力的结果，有了英明的领导者，还要有负责任的执行者，这样做起事情来才能卓有成效。唐太宗是个明君，能够居安思危，从隋亡中吸取教训；魏徵等人能够兢兢业业地辅佐李世民。君臣的共同努力，促成了政治清明的贞观之治。

|唐 纪|

女皇帝武则天

武则天小的时候就非常聪慧，胆识超人。贞观十一年（公元637年），十四岁的武则天因为长相俊美，被入选宫中，受到唐太宗宠幸。

贞观二十三年（公元649年），太宗死去，武则天与所有嫔妃被发送到长安感业寺削发为尼。唐高宗即位后，武则天被重召入宫，并逐渐取得了宠幸。永徽六年（公元655年），高宗废皇后王氏，正式册立武则天为皇后。武则天登上皇后宝座后，积极参与朝政，设法清除政敌，长孙无忌、褚遂良等太宗朝的老臣因为反对武则天都被贬死。

显庆五年（公元660年），高宗李治因患风眩，目不能视，遂下诏委托武后协理政事。自此，武则天开始执政，掌握朝廷实权。上元元年（公元674年），高宗号天皇，皇后号天后，天下谓之"二圣"。

弘道元年（公元683年），高宗驾崩，中宗李显继位，武后则以皇太后名义临朝称制。一年后，她便废掉中宗，改封其为庐陵王，立四子李旦为帝，自己仍旧专政。随即，武则天大封武氏亲族，李唐宗室开始人人自危。于是，李敬业等人发动兵变，讨伐武则天，但兵败被杀。公元690年，武则天登临大宝，改唐为"周"，自号"圣神皇帝"。

夜深了，身边的宫女都已经十分困倦了，身为皇后的武则天还在伏案批阅奏章。

武则天称帝后，重视人才的选拔和使用。凡能"安邦国"、"定边疆"的人才，她不计门第，不拘资格，一律量才使用。为了广揽人才，她发展和完善了隋以来的科举制度，放手招贤，允许自举为官，并设立员外官。此外，她还首创了殿试和武举制度。在她施政的年代里，始终有一批能臣干将为其效命，维护着武周的政权。

武则天也非常重视农业生产。她规定，能使"田畴垦辟，家有余粮"的地方官升任；"为政苛滥，户口流移"的"轻者贬官，甚至非时解替"。这样，在她执政的年代里，农业和手工业都得到较大的发展，人口不断增加。

长寿二年（公元692年），她派大将击败吐蕃，收复安西四镇，复置安西都护府于龟兹。之后，她又在庭州设置北庭都护府，巩固西北边防，打通了一度中断的丝绸之路。她还坚持边军屯田的政策，减轻了百姓之劳，使得边防得以巩固。

武则天宠信酷吏，奖励告密，使不少污吏横行一时。他们刑讯逼供，滥杀无辜，使不少文臣武将都蒙受了不白之冤。

武则天晚年，宠幸张昌宗、张易之兄弟。张昌宗做到散骑常侍，张易之做到司卫少卿。武承嗣、武三思、武懿宗等人都常在张易之家门前等候，争着为他拿马鞭牵马，称张易之为五郎、张昌宗为六郎。二张开始淫乱宫闱，祸乱朝廷。

神龙元年（公元705年）正月，武则天病重，麟台监张易之和春官侍郎张昌宗在宫中弄权。宰相张柬之、崔玄与中台右丞敬晖、司刑少卿桓彦范，以及相王府司马袁恕己策划诛杀张易之和张昌宗，随后逼迫武则天退位，拥庐陵王李显继位，恢复了李家的天下。

后来，武则天废除了以前大臣给自己上的皇帝尊号，改称为"后"。死后，武则天遗诏不让在自己的石碑上写任何字，功过任后人评说。

武则天称帝后，虽然手段比较严厉，但是把天下也治理得非常不错。

☞ 道理解读 ☞

英雄不问出身，巾帼之中也自有豪杰。武则天是男权主义的中国封建历史上唯一的女皇帝，她能力超群，用强硬的手段保证了唐代社会安定、经济发展，上承"贞观之治"，下启"开元盛世"。其过错虽然也不少，但是瑕不掩玉。

| 唐 纪 |

开元盛世

　　唐玄宗前期年号叫开元（公元713年～741年）。开元年间，唐玄宗君臣君明臣贤，开创了贞观之治后又一个盛世，史称"开元盛世"。

　　中宗以来，皇亲国戚竞相佞佛，其中经常有虚妄荒诞的事情，富人家的成年子弟为了逃避朝廷的徭役而纷纷削发为僧。开元二年，唐玄宗就按照姚崇的建议，命令有关官署筛选淘汰天下的僧尼，有一万两千多名僧尼被迫还俗。随后唐玄宗又发布敕令，规定从今以后各地均不得新建佛寺，已有的破坏后需要重修的，必须报有

关部门批准核实后才可以动工。之后，唐玄宗又下令禁止官员及其家属和僧尼、道士互相往来，禁止民间铸造佛像和抄写经书。

　　当年，唐玄宗还专门拒绝了申王为自己幕僚的请托，从此请托之风也不再流行。同年五月，由于粮食歉收，为节约开支，唐玄宗下诏罢黜员外官、试官、检校官，并规定此后这三类官只能因军功或者皇帝特旨方可录用。

　　七月，唐玄宗认为社会风俗日趋奢侈腐化，便颁布制命："天子使用的金银

　　唐玄宗按照姚崇的建议，筛选淘汰僧尼，强迫一万两千多人还俗。

器物都应该交给有关部门熔化，供军国财政开支；所有的珠宝玉器、锦绣织物，都在宫殿前面被焚毁；宫中后妃以下的人，一律不准使用珠玉锦绣制成的物品。"随后，唐玄宗还严格规定了各级官员可以使用的装饰，严禁奢侈逾越。

开元四年，唐玄宗派遣宦官去江南搜罗各种水鸟，准备将其充实在自己的皇宫禁苑中。这些宦官每到一个地方，都弄得当地鸡犬不宁。宦官路过汴州的时候，刺史倪若水向玄宗进言："当下正是农忙季节，陛下却为了赏玩的需要，四处搜罗水鸟。远的从江南、岭南一带送出，中途还要经水路和陆路传递，中间还要给这些水鸟喂食上好的食物。路边看到的人，难道不会以为陛下以人为贱而以鸟为贵吗？陛下本来应该把凤凰看作普通的水鸟，把麒麟看作普通的野兽，而像宦官搜罗的这些水鸟，又有什么珍贵之处呢？"唐玄宗亲自写信向倪若水致谢，重赏了他，并且把所有已经捕获的水鸟全部放飞了。

唐玄宗注意任贤纳谏，澄清吏治，而且选官严谨认真。唐玄宗比较重视选拔一些有真才实学的人做官，他在开元年间任用的几位宰相，如姚崇、宋璟、韩休、张九龄等人，都是当时杰出的人才。对于地方官吏的选拔，唐玄宗也非常重视。开元四年，唐玄宗听说当年选官太滥，朝廷任命的县令多数不称职，便趁机将所有的县令召集到宣政殿，命令他们各做策文一篇，之后依据策文成绩，提升了优秀者，警告了达不到要求的二百多个人，辞退了不合格的四五十个人。负责此次铨选的吏部官员也都被给予贬职的处分。

唐玄宗接受了倪若水的建议，停止了扰民伤财的捕鸟行动。

当时均田制逐渐被破坏，土地兼并和逃亡现象严重。开元九年，唐玄宗派宇文融为朝廷的使节，到各地搜求逃往流徙的人口和清查未登记的田地，此次共查获户口八十余万，其中也包含有地方官员为了迎合玄宗而制造的虚假数字。这样便大大地增加了国家所控制的编户数目，有利于进一步发展农业生产，同时也增加了国家财税的收入。

杜甫写诗说，在开元年间，各地人丁兴旺，百姓和官府都富裕充实，达到了封建社会的盛世。

道理解读

榜样的力量是无穷的。开元年间之所以能够出现盛世局面，首先和以唐玄宗为首的高级统治阶层的努力分不开。唐玄宗等人能够事事以身作则，率先垂范，励精图治，所以能够上行下效，君臣一心，将国家治理得很好。

|唐 纪|
安史之乱

安禄山本是营州的混血胡人，和混血胡人史干原是街坊邻居，长大后，成为朋友，都做了互市牙郎，以勇敢闻名。

安禄山善于揣摩人的心意，所以深受幽州节度使张守的喜爱，被收做养子。史干曾为张守立下大功，张守上奏任命他为果毅，后来升为将军。史干入朝奏事，唐玄宗很喜欢他，就赐其名为"思明"。

安禄山后来担任平卢兵马使，为人乖巧，人们大多称赞他，因此唐玄宗认为安禄山是个贤能之人。天宝元年（公元742年），朝廷把平卢分出来，另外设立军镇，任命安禄山为节度使。

次年正月，安禄山入朝，唐玄宗对他十分宠幸。过了一年，唐玄宗又让他兼任范阳节度使。唐玄宗曾经让安禄山进见太子，安禄山不行拜礼。左右的人催他跪拜，安禄山站着说："我是胡人，不懂得朝廷的礼仪，不知道太子是什么官？"唐玄宗说："太子是将来的皇上，朕去世以后，代替朕做你的君主。"安禄山说："我愚蠢浅薄，只知道有陛下一人，不知道还有太子。"然后跪拜。唐玄宗听了，更加喜欢他。

安禄山在唐玄宗面前故作憨厚可爱，十分讨唐玄宗的开心。

安禄山请求做杨贵妃的干儿子，唐玄宗高兴地答应了。随即，安禄山兼任三镇节度使，大权在握，日益骄纵。安禄山见朝廷武备松弛，颇有轻视中原的心思，早早就有叛乱的想法，但因唐玄宗待他很好，想等到玄宗死后再反叛。天宝后期，宰相杨国忠因为与安禄山不和，多次上言说他要谋反，玄宗不信。杨国忠又多次故意激怒安禄山，想让他立刻反叛以取信于玄宗。安禄山于是决意立即反叛。

天宝十四年（公元755年），安禄山起兵反叛，随即杀向洛阳。唐玄宗起用哥舒翰为兵马副元帅，让他讨伐安禄山。最终哥舒翰失败被擒获，潼关失守，随即洛阳、长安先后被攻破。

至德元年（公元756年），惊慌失措的唐玄宗召宰相商议对策，杨国忠劝玄宗去蜀中避难。玄宗的车驾行至马嵬驿，士兵发生哗变，杀死了杨国忠，逼着唐玄宗缢杀了杨贵妃。在安定众将士之后，当地的百姓请求玄宗留下，这时众将和宦官则极力推举太子为新主，唐玄宗无奈，下令太子监国留守，自己赴川。太子不久继位灵武（今宁夏灵武西南），主持平叛事宜；玄宗被遥尊为太上皇。

后来，在郭子仪和李光弼等人的指挥下，借助回纥兵，唐军屡屡打败安禄山的军队，收复了长安和洛阳。不久，安禄山的儿子安庆绪杀死安禄山，自立为王，随

即又想暗中消灭史思明。史思明于是归顺唐朝廷，但随后复反。

乾元元年（公元758年）十月，安庆绪被郭子仪打败，退入邺城（今河南安阳）固守。郭子仪围城，安庆绪见情形危

安史之乱先后延续了八年，叛军搅扰得四处不宁。

急，就派人向史思明求援，并许诺将帝位让给他。史思明于是借机杀掉安庆绪自立，自称大燕皇帝。史思明好猜疑，性情残暴，喜欢杀人，人人都不能自保。史朝义是史思明的长子，经常跟随史思明带兵，十分谦恭谨慎，爱护士兵，将士们大多都归附他。但史思明更喜爱小儿子史朝清，总是想杀掉史朝义，立史朝清为太子。于是史朝义借机杀死史思明，自立为主。

不久，郭子仪等率兵攻打史朝义，史朝义自缢而死，安史之乱最终被平定。

🍃 道理解读 🍃

过分宠爱必然带来娇纵，娇纵之后就是祸患。娇纵者往往被被娇纵者所伤，被娇纵者反过来也让自己走入了绝路，这是一个两败俱伤的结果。唐玄宗对安禄山等人的过分宠爱最终给唐王朝带来连年的战乱，安禄山等人也战败身死。

| 唐 纪 |

张巡死守睢阳

至德二年（公元757年）正月，安庆绪派尹子奇率领十三万大军进攻睢阳（今河南商丘）。睢阳太守许远向宁陵的张巡求援，张巡随即率领军队从宁陵进入睢阳。许远认为自己才干不足，便把军政大权拜托给张巡，自己甘事后勤。

张巡的兵力有三千人，与许远联合起来，共有六千八百人。叛军发动全部兵力进攻睢阳，张巡亲自督战，勉励将士，昼夜苦战，一共打了十六天，俘虏叛军将领六十多人，杀死叛军士兵两万多。叛军攻城不下，乘夜撤退离去。

三月，尹子奇再次率领大军前来进攻。张巡杀牛设宴，犒劳士兵，出动全部兵力作战。张巡举着战旗，率领众将领径直冲进叛军，大败叛军，斩杀敌将三十多人，杀死士兵三千多人，把

敌军赶跑了几十里。

七月，尹子奇又征召几万名士兵，围攻睢阳。不久，睢阳城里的粮食吃光，将士每人每日只能供给极少的米，还得夹杂着茶纸、树皮吃。睢阳守城的将士战死后，得不到及时补充。士兵后来只剩下一千六百人，因为没有粮食救援，都饥饿病困得不堪战斗。而叛军不仅粮道畅通，士兵战死了也可再征集。

叛军做了云梯，装上二百名精兵推到城墙下，想让士兵跳进城里。张巡事先

张巡指挥睢阳的将士奋力作战，抵住了叛军一波又一波的进攻。

张巡力尽被俘后，见到了叛军首领，破口大骂。

派人在城墙上凿了三个孔洞，等云梯靠近的时候，从一个洞里伸出一根顶端安置铁钩的大木，钩住云梯，让它不能退后；又从一个孔洞里伸一根木头，顶住云梯，让它不能前进；剩下一个孔洞中伸出一根木头，顶端安置铁笼，装着燃烧物焚烧云梯，云梯从中间折断，上面的士兵全部都被烧死。

叛军又用钩车钩城头上的阁楼，所及之处全都崩陷。张巡在大木头的末端安置链锁，锁头安置大铁环，套住叛军的钩车头，将其拉进城里，然后截断上面的钩头。叛军又制作木驴攻城，张巡熔化铁水浇下去，木驴立刻被烧坏。

叛军又在城西北角用土袋和木柴堆成磴道，想以此登城。张巡不和他们硬拼，只是每天夜里派人偷偷地把松明与干草投进去，过了十几天，叛军都没有发觉。张巡后来派人顺着风势纵火焚烧，叛军无法救火，磴道全部被毁。

叛军不敢再来进攻，于是在城外挖了三道壕沟，立木栅围城，张巡也在城内挖掘壕沟拒敌。

这时，坚守睢阳的士兵死伤很多，只剩下六百人。张巡与许远和士兵一起吃茶纸，日夜苦战，不下城楼。

到了十月，城中粮食已经吃完，茶纸也吃完以后，就杀马吃。马杀完以后，又捕捉鸟雀，挖掘地鼠。鸟雀地鼠吃完以后，张巡杀掉自己的爱妾，给士兵们吃。

许远也杀了他的家奴，然后把城里的女人全找出来杀了吃掉，接着是老弱的男子。城里的人都知道不能免死，没有一个人叛变，最后只剩下四百人。

初九这一天，叛军登上城头，将士由于过度疲惫，不能战斗，城池被攻陷，张巡与许远都被俘虏。尹子奇问张巡说："听说将军每次作战，都眼角撑裂，牙齿咬碎，为什么？"张巡说："我想吞掉叛贼，只是力不从心。"尹子奇用刀撬开张巡的嘴巴看，发现里面只剩下三四颗牙齿。尹子奇认为张巡十分忠义，不想杀掉他。他的部下说："这样守节的人，终究不会为我们所用。再说他深得军心，不杀了他，一定会有后患。"于是，尹子奇把张巡与部下南霁云、雷万春等三十六人全部斩杀了。

🍂 道理解读 🍂

　　大无畏的战斗精神结合适当的具体斗争策略，就能给敌人以最大限度的打击。张巡对待力量远远大于自己的叛军，能够临危不乱，采用各种策略坚持斗争，非常值得后人景仰。至于其杀人而食的做法，则不能为后世所推崇。

唐 纪
郭子仪单骑退回纥

安史之乱被平定后，郭子仪功劳极大，威望很高，国内和周边的人都很敬畏他。于是，朝内的谗言不断，郭子仪也因此先后被肃宗、代宗两度解职。

郭子仪手下大将仆固怀恩，在安史之乱中立过战功。代宗广德二年（公元764年），仆固怀恩发动叛变，起兵围攻太原，代宗派郭子仪赴河中击败仆固怀恩，收编了他的军队。随后，仆固怀恩派人跟回纥和吐蕃联络，欺骗他们说，郭子仪已经被杀害，要他们联合起来反对唐朝。

广德三年，仆固怀恩带领回纥、吐蕃联军几十万进攻长安。到了半途上，仆固怀恩得急病死了。回纥、吐蕃联军一直打到泾阳（今甘肃平凉），严重威胁到长安。那时候，郭子仪正在泾阳驻守，手下兵力极少。仆固怀恩死后，回纥和吐蕃两部兵马谁也不愿听谁的指挥，分别设置营帐居住，这一情况被郭子仪得知。

当天晚上，郭子仪派部将去泾阳城西的回纥大营去游说，打算联合回纥攻打吐蕃。回纥将领曾经在郭子仪的带领下打过许多仗，对郭子仪很是敬畏。他们不相信郭子仪部将的话，十分惊讶地问："我听仆固怀恩说他早已被杀。你不是在骗我吧？如果郭令公真的活着的话，

郭子仪在泾阳城上看到回纥和吐蕃来势汹汹，却分营扎寨，心中有了计策。

我可以见见他吗？"

部将于是回报郭子仪。郭子仪说："过去我们和回纥的交情很深厚，我今天就亲自走一趟，也许能劝说回纥退兵。"将领们都认为让元帅亲自到敌营去太冒险，要求派兵前去保护。郭子仪说："要是这么做反倒害了我。"郭子仪的儿子拉住郭子仪的马想要阻止他。郭子仪说："如果要交战的话，我们父子俩都会牺牲，那么国家就危险了。我这回去劝说他们，如果成功，那是国家的幸运。如果我死了，至少保全了我们家族。"

郭子仪带着几个随从骑兵打开城门，一边走，一边派兵士传话："郭令公来了！"回纥人听了大吃一惊。

这时，回纥大帅药葛罗正拉弓搭箭站在阵前。郭子仪就脱去铠甲，扔掉长枪继续前进。药葛罗和回纥众将看到后都异口同声地叫了起来："真是郭老令公！"于是，大伙一起下马向郭子仪行礼。

郭子仪下了马，走上去握住药葛罗的手，责备他说："回纥曾经给唐朝立过大功，唐朝待你们也不错，为什么要和仆固怀恩一起叛乱呢？况且仆固怀恩是个背叛君主、抛弃生母的人，你们跟着他会有什么好下场？现在我一个人前来，随时准备被你们杀掉，但是我的将士会跟你们拼死作战！"

药葛罗很抱歉地说："仆固怀恩欺骗我说，大唐皇帝和令公都已经死去。现在知道令公还在，仆固怀恩已死，我们哪里还会同您打仗呢？"郭子仪说："吐蕃不行道义，趁大唐有乱之机，不顾和唐朝的甥舅关系，前来侵犯，实在太不应该！现在是你和我联合起来一起攻打吐蕃的大好时机。"药葛罗忙答应一起联合攻打吐蕃。

郭子仪和药葛罗等人一起饮酒。郭子仪先端起一杯，把酒洒在地上，起誓说："大唐天子万岁！回纥可汗万岁！两军将领万岁！谁要违反盟约，叫他死在阵上，家族灭绝！"药葛罗也跟着起誓。

吐蕃将领听说后，便连夜带着大军撤走了。

郭子仪亲自只身来见回纥兵，回纥大帅药葛罗下马行礼。

|唐 纪|
德宗孝义寻母

　　唐德宗李适是唐代宗李豫的长子。安史之乱后期，李豫即位为帝，这时李适正讨伐安史叛军，被任命为天下兵马元帅，封鲁王，不久改封雍王。安史之乱平定后，李适拜尚书令，后来被立为太子。大历十四年（公元779年），唐代宗去世，唐德宗即位。德宗的母亲沈氏，在安禄山攻陷长安的时候，没有来得及走脱，被掳掠到洛阳的宫殿。德宗的父亲代宗，当时还在做太子，率领军队攻克长安，曾经见到沈氏，但没来得及接她回长安，正好史思明又攻陷洛阳，沈氏于是下落不明。

　　代宗即位后，派人四处寻访沈氏，没有找到。寿州崇善寺的尼姑广澄一度冒充沈氏，经查验，是以前少阳院的奶妈，于是代宗派人用鞭子把她打死。

　　德宗即位后，于建中元年（公元780年），遥尊皇母沈氏为皇太后。后来，德宗思母之情日切，便下诏封赠给太后的父亲、祖父、兄弟们以官爵，就连沈氏宗族中的其余男女们也都任官封邑，颁给策命和委任状，这种封赏总共有一百二十七起。由于数量过多，策命和委任状无法用手拿走，只好由宫中的宦官用马驮了分赠给这些人。

　　中书舍人高参请求分派沈家的人寻访仍旧去向不明的太后，唐德宗便任命睦王李述为奉迎使，工部尚书乔琳为奉迎副使，又任命沈家的四个人为判官，让他们与宫中的宦官们一道，分多路去寻访沈太后的下落。

　　当初，高力士有个养女在洛阳寡居，能讲很多宫里的事情，女官李真一怀疑这个人就是沈太后，于是去寻访太后的使者那里报告了这个情况。德宗听说后，又惊又喜。当时，沈氏宗族的老一代人都已经去世，活下来的人中没有认识太后的人了。唐德宗派遣宫里的老宦官、宫人前往检验，高氏的年龄容貌与太后有些相像，宦官、宫人以前并没有仔细看过太后，都说高氏就是。

唐德宗继位为皇帝后，十分思念在安史之乱中走失的母亲沈氏。

高氏一再推辞说自己的确不是太后，前来察看的人反倒认为她故意不承认，更加相信她就是太后，强行把她迎进上阳宫。德宗派了一百多名宫女，带着车驾衣服等许多御用物品，去上阳宫服侍高氏。

左右服侍的人百般劝导，一定要她说自己就是太后。高氏一时心动，居然改口承认自己就是

查验的官员禀报唐德宗，说沈氏已经找到了。唐德宗闻言大喜。

太后。于是，前去查验的官员赶紧骑马飞驰入宫，向皇帝奏报，德宗大喜，身边的人也都跟着一起高兴。二月初二，德宗一反常规地选了个双日子登上大殿，群臣都入朝庆贺。德宗下诏，命令有关部门草拟礼仪，准备奉迎太后。

高氏的弟弟高承悦住在长安，了解到自己的姐姐在冒充太后，唯恐不说事实的真相，时间长了，一旦被识破，还是会获罪，就主动说出了事情的始末。德宗于是让高力士的养孙樊景超前往上阳宫再次察看。

樊景超见到高氏住在内殿，以太后的身份自居，随从侍卫非常严密。樊景超

便直接对高氏说："姑姑为什么要把自己放在案板上等人宰割呢？"左右侍从呵斥樊景超下殿。樊景超大声说："皇上有诏，太后是假冒的，左右侍从下殿。"左右侍从于是遵命，都走下殿来。高氏解释说："我是被人强迫的，并不是出于自己的意愿啊。"樊景超用牛车拉着高氏，把她送回了家。

德宗担心以后人们不敢再提太后，所以并没有治罪，说："我宁愿被欺骗一百次，也许就有一次真能找到母后了。"从此以后，各地声称找到太后的事情发生了很多次，但都不是真的，真正的太后最终还是没能找到。

❧ 道理解读 ❧

孝道是中华文化的精髓之一。父母用心将孩子养育成人，付出了二十年的艰辛，后辈因此有义务尊重自己的父母长辈，孝敬他们，让他们安度晚年。德宗寻母，个别手段稍显不合适，但态度值得赞扬。

杨炎实行两税法

大历十四年（公元779年），唐德宗即位，为选用宰相同臣下商议，崔瑞甫推荐器量和才干俱佳的杨炎。德宗在做太子时就曾听说过杨炎的名声，于是不因他曾经受到降职的处分，仍旧起用他为银青光禄大夫、门下侍郎、同平章事。杨炎上任不久，就在经济方面进行了重大改革。

按照旧制，天下的钱帛均贮存于左藏，由太府一年分四季上报数额，以此来核实钱帛的收支情况。第五琦担任度支使、盐铁使时，京城中有许多强横的将军，他们肆意索取赏赐不加节制，第五琦无法制止，就只好上奏朝廷，请将左藏的全部贮藏归大盈内库，由宦官来掌管，皇帝也认为如此取用方便。由此，天下公共的敛赋归为天子的私人财产，相关部门不能再得知其数目多寡，更无权检查它的存余和损耗。这一情况持续了大约二十年。这样，宦官中掌管内库者有三百多人，他们牢牢地把持着内库，蚕食着国家的财物。杨炎任宰相后，决心革除积弊，就向德宗奏告说："财赋是立国的根本，众生的命脉，决定着天下的治乱。因此，前世都选重臣掌管它，即便如此还担心不已，

大盈内库储存着国家的财物，却被宦官们掌控着，十分不利于财政预算调控。

杨炎实行两税法后，国家没有增加税赋，而财政收入却大大增加。

至德年间，由于战祸连年，官府到处向人民逼迫征收赋税，并没有固定标准，官吏于是巧立名目，随意增加赋税，新旧税接连不断。富人都打通了关节，得到庇护而免除了赋税和徭役；穷人们因而受到的压迫更加沉重，于是纷纷逃亡，一直留在本地的百姓，还不到总数的百分之四五。

事情发展到这一地步，建中元年（公元780年），杨炎向德宗建议实行"两税法"。具体办法是：先计算地方的开支和应该上缴的数目，依次来向百姓征税；户口不管是定居本地的还是流动的，都依据现在的居住状况登记；人口按照贫富状况加以区别；在外地经商的，必须向本地交纳三十分之一的盈利；定居户的赋税分夏秋两季征缴。其他租庸调和各种杂役全部废除。掌管赋税的官吏反对推行，他们认为租庸调制实行了四百余年，不可轻改。但德宗坚信不疑，使之得以贯彻实施。

经常失败，使得天下动摇。而现在只派宦官掌管收支，大臣们都不能知道相关情况，这样下去恐怕就要出大问题了。臣下愚昧，请陛下把国家财物迁出禁中交还有关官署，按照宫中预算所需，进行进奉。"德宗接受了他的建议，下诏："凡财赋皆归左藏库，按照旧规矩，每年在财物中定额挑选出上好的缯帛三五千匹，送入皇室的大盈库房。"杨炎用只言片语改变了皇上的想法，天下的人都很称赞他。

唐朝初年，征收赋税实行租庸调制，庸税以人丁多寡为参照。到玄宗末年，户籍制度废弛，加之居民转移死亡，户籍册上的数据与实际状况差别很大。这时，均田制已遭到破坏，但征税时，官府不管实际情况，只凭旧户籍向乡里按丁收税。到

两税法推行后，税赋没有增加，而朝廷的收入增多，天下财权重新归于朝廷。但由于以钱为征收标准，实行后产生了钱重物轻的现象，纳税者因物价下跌而加重了负担。因此，两税法在实行了四十年后便被废止了。

❧ 道理解读 ❧

杨炎具有很强的理财能力，这在实行两税法之前就已表现出来。两税法以财产为基准，财产少者则其税少，财产多者则其税多，这样就多少改变了贫富负担赋税不合理的现象，扩大了纳税面，增加了国家的财政收入。

|唐 纪|
颜真卿宁死不屈

建中四年（公元783年），李希烈反叛后十分嚣张，唐德宗向奸相卢杞询问计策。平素嫉恨颜真卿的卢杞借机说："李希烈倚仗立了军功，骄横傲慢，将佐无人敢规劝，若能选出一位温文尔雅的朝廷重臣，奉旨前去宣示圣上的恩泽，向李希烈讲清逆为祸、顺为福的道理，李希烈一定能幡然悔过。颜真卿是三朝才臣，为人忠厚耿直，名声为海内所推重，正是出使的最好人选！"德宗认为有理。正月十七日，德宗令颜真卿到许州安抚李希烈。举

朝大臣知道后，都大惊失色。

颜真卿来到洛阳时，留守郑叔则劝他说："您若是前往李希烈处，一定难保性命。最好能稍作逗留，以等待后来的命令。"颜真卿表示不能这么做，解释说："君命如山，我还能躲避到哪里去呢！"

颜真卿来到李希烈的地盘后，还没有来得及宣布诏旨，李希烈便让他的养子千余人环绕着他谩骂，还拔出刀剑威胁他，做出要将他切割吞食的架势。颜真卿脚不移动，面不变色。李希烈看这招不灵，便命令众人退下，之后将颜真卿安置在馆舍，礼貌地对待他。

这时，叛将朱滔等四人各自派遣使者到李希烈这里来上表称臣，劝他做皇帝。李希烈召颜

李希烈让人拔出刀剑威胁颜真卿，颜真卿却十分镇定，面不变色。

真卿来，把上表给他看，得意地说："今天四王派使者来，把推心置腹的话对我讲了。他们的话同我想的一样。难道不被朝廷容纳，我就没有地方可去了吗？"颜真卿回答说："这四个人只能说是四凶，怎么能叫四王呢？你不保住自己的功业，做唐朝的忠臣，却要与乱臣贼子一道，想与他们一起灭亡吗？"

过了一天，李希烈又让颜真卿与前来的四个使者一同赴宴。四个使者说："很早就听说颜太师负有重望，现在都统要称皇帝而太师恰巧来到，这不是上天赐给都统一个宰相吗！"颜真卿听了大骂："哪个做你们的宰相！你们知道有个因骂安禄山而死的叫颜杲卿的吗？他就是我的

辛景臻架起火堆威胁颜真卿，见颜真卿大步走向火堆，就赶紧拉住了他。

哥哥。我都快八十岁了，宁愿守自己的名节而死，怎么会受你们这些人的威逼利诱！"四个使者听了，不敢再说什么。于是，李希烈叫来十个武装整齐的士兵守在颜真卿居住的馆屋前，并派人在庭院中挖了一个坑，说要活埋颜真卿。颜真卿神色自然地去见李希烈，对他说："死生之事是早就已经定下的，何必玩种种花招！快拿一把剑来将我刺死，那样你心中岂不是更快活吗？"李希烈心虚，连忙向他谢罪。

之后，其他各地叛将都去掉了王号，只有李希烈自以为兵强财足，还想图谋称帝。他派人向颜真卿询问称帝的仪式，颜真卿回答说："老夫我曾经做过朝廷礼官，所记得的只是诸侯朝拜天子的仪式。"

后来，李希烈僭称皇帝，国号大楚，改元武成。他派将领辛景臻去对颜真卿说："你不愿意屈节，应当自焚。"辛景臻让士兵在颜真卿住的庭院中堆上柴禾浇上油。颜真卿面无惧色，大步走向火堆。辛景臻见状，赶快上前止住他。

又过了些日子，李希烈最终决定处死颜真卿。当李希烈的使者去见颜真卿，向他说有敕赐死时，颜真卿问使者何时从长安来的。使者说："从大梁来，不是从长安来。"颜真卿说："原来是贼人之命，怎么能称敕令！"使者不让他再说话，用绳子将他勒死。

道理解读

颜真卿虽然自知被奸臣推向火坑，受命去完成几乎不可能完成的任务，但还是一心为公，大义凛然。在叛将的威逼利诱面前，颜真卿坚持原则，无所畏惧，最后英勇赴死，不辱使命，未丢气节。

|唐 纪|

李愬雪夜入蔡州

唐宪宗元和年间，吴元济割据蔡州（今河南汝南），与朝廷作对。元和十二年（公元817年），朝廷任命李愬为唐州等三州节度使，让他钳制并准备消灭吴元济。李愬到任后，故意做出军纪不整肃的样子，让敌人放松了对自己的警惕。在做好了充分的准备，摸清了敌人的底细之后，李愬秘密整顿军队，打算袭击吴元济，但是并没有让很多厌战的部下知道。

当年十月，李愬命令随州刺史留下来镇守文城，命令李祐与李忠义率领由敢死之士组成的突击队三千人作为前导，自己与监军宦官率领三千人作为中军，命令李进诚率领三千人居于军队的后部，一起浩浩荡荡出了文城。

军队出发以后，所有人还不知道是往哪里开进。李愬说："只管向着东方行进！"军队走了六十里路，夜晚来到张柴村，将屯戍该村的淮西士兵和守候烽火的人员全部杀死，占领了敌军的栅垒。李愬命令将士稍作休息，吃些干饭，整顿马具，将义成军的五百人留下来镇守张柴村，以阻断敌人阴山方面的救兵，又派五百人去破坏通往洄曲和各条道路上的桥梁。李愬随即连夜率领兵马出了张柴村的栅门。各位将领请示进军目标，李愬说："到蔡州去捉拿吴元济！"各位将领都大惊失色。监军宦官哭着说："果然中了李愬的奸计了！"当时，风雪大作，旗帜破裂，冻死的战士与马匹到处可见。加之天色阴暗，由张柴村往东去的道路，都是官军从来没有走过的，人人都暗自以为肯定活不成了。但是，他们畏惧李愬，不敢违抗命令。到了半夜，雪下得更大了。官军走了七十里路，来到蔡州城下。靠近城边有一处喂养鹅鸭的池塘，李愬命令部下轰打鹅鸭，以便遮掩军队行走的声音。

自淮西节度使吴少诚抗拒朝廷以来，官军不到蔡州城下已经有三十二年了，所以蔡州的人毫无防备。第二天，凌晨四鼓后，李愬率军来到城墙脚下，城中没有一个人知道。

李祐、李忠义在

李愬一边让士兵哄赶鹅鸭，遮掩军队行走的声音，一边指挥军队包围了蔡州。

城墙上凿坑，率多名壮士一步一步登上城墙。他们杀掉了所有正在熟睡的守门士兵，只留下巡夜打更的人，让他照常打更。然后，他们打开城门把队伍放进来，等到了城里也是这样做，城中的人一点没有察觉。报晓的公鸡叫起来了，大雪也停了，李愬军这时已到了吴元济的外宅。有人向吴元济报告说："官军到蔡州城了！"吴元济睡在床上，笑着说："不过是被俘虏的囚徒在闹事罢了。等天亮了，我一定要把他们全部杀掉。"又有人惊慌失措地来报告说："蔡州已经失陷了！"吴元济还不在意，说："这一定是驻守洄曲的子弟向我要寒衣来了。"他穿起衣服，走到庭院中仔细地听，只听见李愬号令军队，响应者有上万人。吴元济这时才害怕起来，急忙率领身边将士登上牙城进行抵抗。

那时，叛将董重质拥有精兵万余人，据守洄曲。李愬认为吴元济肯定在盼望董重质前来救援，就派人寻访董重质的家，

吴元济看大势已去，只好乖乖投降。李进诚用梯子把他接了下来。

送去财物加以安抚，让董重质的儿子董传道带了书信晓谕董重质。董重质便单人骑马来向李愬投降。李愬派李进诚率部队进攻牙城，毁其外门，找到了收藏兵器的仓库，把里面各种器械取出来。

过了一天，李进诚军又发起进攻，集中了弓箭手，向城上射箭，并放火烧牙城的南门，外城的百姓争着背柴草帮助官军。下午，南门被毁，吴元济在城上向官军请降，李进诚用梯子引吴元济从城墙上下来。第二天，李愬下令用囚车把吴元济押送到京师。蔡州于是平定。

道理解读

兵贵神速，做事要严密。李愬孤军深入，在大风雪之夜，趁敌人疏于防范之机，行军数十里，奇袭敌人，最终成功。李愬知己知彼，能够充分利用已有条件，行事周密，顾大局，"欺瞒"了部下，也骗过了敌人。

甘露之变

唐朝后期，宦官专权，皇权被架空，引起皇帝的不满。唐文宗太和年间，郑注和李训受到宠信，和文宗一起密谋诛杀宦官。在当时，外人都以为二人倚仗着宦官作威作福，还不知道他们与唐文宗有密谋。太和九年（公元835年）九月，唐文宗任命李训为相，主持朝政。李训虽然是经郑注举荐而被提拔的，但等李训的权势地位都很盛时，心里又十分忌妒郑注。他谋划诛除宦官，希望朝廷外有势力相呼应，所以让郑注出任凤翔（今陕西凤翔）节度使，然后准备等诛除宦官后连郑注也一起除掉。

鉴于宦官掌握实权，十分跋扈，唐文宗和李训等人密谋，决定诛杀宦官。

郑注和李训谋划，等郑注到凤翔上任以后，挑选几百名壮士作为亲兵，手持战斧，借十一月二十七日朝廷将在河旁安葬王守澄之机，派人紧闭城门，把送葬的宦官全部诛杀。李训又和他的同党郭行余、王璠、韩约、罗立言和李孝本等密谋："如果计划成功，那么功劳就全部归于郑注了，不如同时调动金吾兵和御史台、京兆府的官吏和士兵，在郑注之前诛杀宦官，然后把郑注一起除掉。"

十一月二十一日，唐文宗驾临紫宸殿。当时担任左金吾卫大将军的韩约奏称："左金吾衙门后院的石榴树上，夜里有甘露降临。"于是李训趁机劝文宗亲自前去观看，并事先埋伏好了卫兵。文宗于是起驾含元殿，先命令宰相和中书、门下两省的官员到左金吾后院察看甘露，这些人过了很久才回来。

李训奏报说："我和众人查看，不像是真的甘露，所以不能马上宣布，以免天下人妄加祝贺。"文宗说："怎么会有这种事？"于是命令左、右神策军护军中尉宦官仇士良、鱼弘志率领各位宦官，再次前往左金吾后院察看。

仇士良率领宦官们到左金吾后院去察看甘露时，迎接他们的韩约由于内心极度恐惧，汗流满面，脸色都变了。仇士良十分奇怪，问："将军这是怎么了？"过了一会儿，一阵风把院子里的帐幕吹了起来，仇士良等人看见很多拿着兵器的士兵，又听到兵器碰撞的声音，惊骇不已，急忙往外跑。守门的卫兵正要关门，仇士良大声呵斥，卫兵一时手软，门闩没能栓上。

仇士良等人跑到含元殿，报告文宗说有叛乱，并立刻下令抬起软轿，扶文宗上轿，冲破殿后的丝网，迅速向北出门。

李训眼看宦官要逃走，便一把拉住文宗的软轿，大声说："我奏请朝政还没有完呢，陛下不能入宫！"这时，金吾卫士已经登上含元殿，罗立言率领京兆府的巡逻士兵三百多人从东边冲来，李孝本率领御史台随从二百多人从西边冲来，三方一起击杀宦官。宦官们大声喊冤，被杀死砍伤了十几个人。

文宗的软轿被强行抬进宣政门后，大门立刻关上，跟从逃窜的宦官们都高呼万岁。仇士良等人随即命令左、右神策军副使刘泰伦、魏仲卿等人，各自率领禁兵五百，拿着刀从紫宸殿冲出去讨伐贼党。中书、门下两省和金吾卫的士兵，外加官吏一千多人争着朝门外逃。过了一会儿，大门被关上，没有逃出去的六百多人全部被杀死。

仇士良等人随即部署兵力，关闭各

仇士良等人发现院子里有伏兵，十分惊骇，韩约也非常紧张。

宫门，搜查南衙各司衙，捕捉贼党。各司的官吏卫士，以及正在里面卖酒的百姓商贾，共有一千多人，全部被杀。

李训打算逃奔凤翔，被镇遏使宋楚捉住，押往京城。李训担心到神策军后，会受到严刑拷打，就请求押送者斩下自己的首级，送往京城。最后，李训全家被族诛，其余所有涉案者全部被腰斩。

随即，仇士良等派人携带文宗的密敕，将郑注族诛。

|唐 纪|
王仙芝黄巢起义

唐懿宗即位以来，朝廷日益奢侈，加之不停地打仗，征敛赋税也更加急迫。潼关以东地区连年遭受水旱之灾，百姓饿死很多，只好互相聚集起来发动起义。

唐僖宗乾符二年（公元875年），濮州人王仙芝在长垣县起事。次年，王仙芝与尚君长率领军队攻陷了濮州、曹州，队伍发展到了几万人。唐天平军节度使薛崇出兵讨伐，被王仙芝打败。

这时，冤句人黄巢也聚集了几千人响应王仙芝，队伍迅速发展到几万人。

乾符三年（公元876年）九月初二，王仙芝攻陷汝州城。消息传来，东都洛阳为之震动。十一日，僖宗颁下敕令，赦免王仙芝等人，企图招降他们。

十二月，王仙芝率领部队进攻蕲州。蕲州刺史与王仙芝约定，收回申、光、庐、寿、舒、通等州的军队，不再交战，并许诺为王仙芝向朝廷上奏请求官爵。僖宗于是下诏，任命王仙芝为左神策军押牙兼监察御史。王仙芝得到委任状后，十分欢喜。黄巢因为朝廷没有授予自己官爵，勃然大怒，对王仙芝说："我与你曾经一起立下誓言，要横行天下，而如今你独自

王仙芝和黄巢的军队四处冲杀，唐朝的军队屡屡被打败。

黄巢进入长安以后，俘获了唐朝的官吏，自己做了大齐皇帝。

们财物。但在长安住了几天以后，这些人又出来大肆抢劫杀人，黄巢也不能制止住。黄巢的部下特别憎恨唐朝官吏，将抓到的官吏全部杀死。十三日，黄巢称帝，定国号为大齐，改年号为金统。次年，黄巢率军撤出长安，部下纷纷投降唐朝。

中和三年（公元883年）六月，黄巢大军包围陈州，时溥、朱全忠、李克用等人先后率领军队前去救援。

次年四月，各路官军一起进发，攻克太康，随即进攻西华，黄巢的从弟黄思邺弃城逃跑。黄巢听说后，十分畏惧，把人马撤到故阳里，解除了对陈州的包围。五月初八，李克用率军在中牟北面的王满渡追上黄巢。李克用趁黄巢的兵马渡河到一半的时候，奋力出击，打败了黄巢的军队，斩杀一万多人，起义军因此溃败退走。尚让率领自己的人马向时溥投降，别将李谠等带领自己的部众向朱全忠投降。黄巢经过汴河向北奔逃。初九，李克用在封丘追上黄巢，又将黄巢打败。初十夜里，又下起大雨，黄巢余部惊慌畏惧，向东奔逃。黄巢把剩余的人马收编起来，将近有一千人，向东逃奔兖州。

二十日，时溥派遣部下追击黄巢。六月十五日，李师悦追到瑕丘，打败了黄巢，黄巢逃到泰山东南部的狼虎谷。十七日，黄巢的外甥叛变，斩下黄巢与黄巢的兄弟、妻子的脑袋。起义最终失败。

获得朝廷的官爵，你想要把我们五千多弟兄安到哪里？"情急之下打伤了王仙芝的脑袋。王仙芝害怕触犯众怒，就没有接受朝廷的任命，只是率兵在蕲州大肆掠夺一番。但自此之后，王仙芝和黄巢分道扬镳。

朝符五年（公元878年）二月，官军在黄梅打败王仙芝的军队，斩杀了王仙芝，王仙芝的部下归附黄巢，推黄巢为"冲天大将军"。之后，黄巢军四处征战。

广明元年（公元880年）十二月，黄巢攻入长安城。黄巢手下将士长久征战，非常富有，看到贫穷的人，往往施舍给他

➤ 道理解读 ➤

为政要宽紧适度，在饥荒年代尤其如此，否则就会官逼民反。百姓被压迫得忍无可忍的时候，才会揭竿而起，聚众起事。起义者奉行流寇主义，没有一个坚固的大后方，没有及时建立起相关制度，凝聚力差，就会最终失败。

|唐 纪|
吕用之装神弄鬼

唐朝末年，战乱四起，淮南节度使高骈喜好神仙，欲求长生。方士吕用之曾参与妖党，事发后逃到高骈这里。高骈对待吕用之十分优厚，给他补授军职。吕用之客居广陵（今江苏扬州）很久，熟悉广陵城里的人情世故，在烧炼丹药的闲暇，经常谈论公家和私人的利弊。高骈因此愈发认为他不同寻常，愈加信任他，常常和他对坐着炼丹。

吕用之引荐他的党羽张守一、诸葛殷，三人一起蛊惑高骈。诸葛殷刚从鄱阳来到广陵，吕用之事先对高骈说："玉皇大帝因为高公事务繁重，挑选左右尊神中的一人来辅佐治理，您应当好好招待他。如果想让他久留，也可以用人世间的重要官职来牵绊他。"第二天，诸葛殷来拜见高骈，鬼话连篇，谈笑风生。高骈

以为是神仙，就给诸葛殷补授盐铁使的重要官职。

高骈有洁癖，他的外甥、侄儿辈的人从没和他坐过一条凳子。诸葛殷患有麻风病，浑身脓疮，身上奇痒，不停地用手抓，手上都是脓血。高骈唯独不嫌弃他，与他同坐一席，传递杯碗，饮酒吃饭。左右侍从说了些嫌恶诸葛殷的话，高骈反倒说："这是神仙以此来试探我罢了。"高骈养的狗闻到诸葛殷身上的脓腥味，经常跑到他身边。高骈觉得很奇怪，诸葛殷

有洁癖的高骈丝毫不嫌弃肮脏的诸葛殷，十分信任他，和他一起吃饭。

却笑着说："我曾经在玉皇大帝面前见过它，一别几百年，它还认识我。"

吕用之经常当着高骈的面呼风唤雨，对着天空作揖，说有神仙在云层里出现。高骈动辄跟着他向神仙下拜。吕用之用厚礼贿赂高骈的左右侍从，让他们窥伺高骈的动静，一起迷惑欺骗他。

高骈把吕用之视为左右手，事无公私大小，都由吕用之决断，淮南的政事开始逐渐败坏。吕用之知道军府上下都怨恨自己，便招募一百多个阴险奸猾的人，将其遍布广陵城街巷之间，称为"察子"，探

吕用之糊弄得高骈只知道学道求仙，自己借机掌握了实权，作威作福。

察民间动向。小到百姓呵斥妻子打骂孩子的事情，没有吕用之不知道的。

吕用之又动辄以叛逆的罪名诬告别人，屈打成招，杀人后夺取他的财货美女，广陵城中因此而家破人亡的有几百家，以致道路上的行人见了面只是用眼睛示意，将吏士民就是在家里，也丝毫不敢逾矩，大气都不敢喘一口。

吕用之又想用军队威胁控制淮南的众位将领，于是请求高骈在各军中挑选骁勇的士兵两万人，号称左、右莫邪都。高骈就任命张守一和吕用之为左、右莫邪军使，可以和节度使一样，自己任命将领。左、右莫邪都的军械都十分精良，衣服也华美光鲜。吕用之和张守一每次出入使府，引导和随从将近千人。

吕用之有侍妾一百多人，自己非常奢侈腐败，用度不足的时候，就把户部、度支、盐铁三司要发运给朝廷的贡赋运到自己家里。吕用之担心有人泄露他的奸谋，于是对高骈说："神仙不难请到，只是遗憾学仙的人不能断绝俗世的拖累，所以神仙不肯降临。"高骈听了，就把自己的宾客全都赶走，谢绝人间事务，宾客、将吏都不接见。因此，吕用之得以专断独行，作威作福，以致辖区范围内不再知道有高骈这个人。

最终，久疏政事、失去军权的高骈被部下幽杀。吕用之也不为他人所容，被庐州杨行密杀死。

◈ 道理解读 ◈

高骈位居淮南节度使，有长生之念，迷恋神仙，于是被善于装神弄鬼的吕用之所利用，既乱了淮南，自己也最终身死他人之手。破除迷信，非常必要。

|后梁纪|
朱全忠不忠

　　唐朝镇压黄巢起义时，朱温立了大功。朱温本为黄巢手下大将，后降唐，被赐名全忠，随即又被唐僖宗任为宣武节度使。中和四年（公元884年），朱全忠与沙陀族李克用联合镇压黄巢。此后，朱全忠即盘踞于宣武一带。农民起义被镇压后，朝廷内部的宦祸仍未结束。

　　天复元年（公元901年），宰相崔胤请求唐昭宗将宦官全部诛杀，宦官有所察觉。崔胤情急之下，就写信给朱全忠，让他率军前来迎接昭宗。朱全忠收到崔胤的信，急忙从大梁发兵，前往京城长安。宦官得知后，便挟持唐昭宗跑到凤翔。

　　天复三年（公元903年）正月，盘踞凤翔的李茂贞单独进见昭宗，请求杀死宦官韩全诲等人。昭宗听了非常高兴，立即派人带凤翔士兵将韩全诲等人抓起来斩首。随后，朱全忠护送昭宗回到长安。

　　二十八日，朱全忠与崔胤一起入宫奏事。崔胤上奏，陈述了宦官为祸的危害和根源，请求罢免诸司使，他们的事务全部归省寺管理，各道监军全都召回京城。昭宗听从了他的建议。

　　当天，朱全忠率领士兵驱赶宦官几百

朱温叛变黄巢投奔唐僖宗，唐僖宗十分喜欢并且重用了他。

人到内侍省，把他们全部杀死，喊冤与号哭的声音，响彻内外。宦官中有出使外地的，朱全忠就下诏命令所在地方的官府，把他们收捕处死。最后，只留下地位卑微、幼小体弱的宦官三十人，用来打扫庭院。朱全忠因诛杀宦官有功，被封梁王，开始独专朝政，逐渐有了篡位的打算。天祐元年（公元904年），朱全忠杀死了和他不和的宰相崔胤及唐昭宗，另立十三岁的哀帝。

朱全忠信任乖巧轻浮的柳璨和李振。柳璨向来怨恨看不起自己的清流，便向朱全忠上书建议说："这些人聚集党徒，随便议论，怨恨诽谤，应该除掉他们来阻止灾祸的发生。"朱全忠本就想诛杀异己，然后称帝，所以认为他说的很有道理。于是，宰相裴枢、崔远、独孤损等人被贬谪，其余或是豪门贵族，或是科举及第，在三省台阁任职，以名节自居，声望功绩稍为显著的人，都被指为轻浮浅薄而被贬官驱逐，朝中的官员为之一空。

再后来，朱全忠又把裴枢等人与被贬斥的朝廷官员三十多人，聚集在滑州白马驿，一夜之间将他们全部杀死。李振起初屡次参加进士考试，屡试不中，所以很嫉恨科举出身的官员，于是对朱全忠说："这些人总是自称清流，应该把他们扔进黄河，把他们变成浊流！"朱全忠笑着答应了，把被杀官员的尸体扔进了黄河。

朱全忠曾经与幕僚将佐及游幕宾客坐在大柳树下面。朱全忠自言自语地说："这棵柳树应当做车。"有几个游幕宾客起身回答说："应当做车。"朱全忠勃然大怒，厉声说："书生之流，喜欢随声附和，玩弄别人，都是这个样子！车必须用榆木做，柳木怎么能做？"说完看着左右随从说："还等什么！"左右随从马上拉出说"应当做车"的宾客，将其全部打死。

天祐四年（公元907年），朱温逼哀帝禅位，自登帝位，改名朱晃，建国号梁，定都于汴州（今河南开封），不久又毒杀了哀帝，唐朝至此宣告灭亡。

朱全忠大肆杀戮唐朝的旧臣，为自己篡位登基铺平了道路。

| 后梁纪 |
耶律阿保机建国

起初，契丹有八部，每部各有一个大人。各部共同约定，推举众位大人中的一个为可汗，以号令各部，每三年选举更换一次。

唐僖宗咸通年间，习尔为王，契丹的疆土逐渐扩大。他的后代钦德做了可汗，趁中原混乱，不断南下扰掠。耶律阿保机做了可汗之后，由于其威武勇敢，周边的部族都归属于他。

从公元903年到907年，契丹卢龙边境每年都受到刘仁恭的攻击，而当时的可汗十分软弱，一味卑躬屈膝地求刘仁恭。

后梁开平元年（公元907年），各部大人耻于老可汗的懦弱，逼他禅位，推举阿保机为可汗。三十多岁的阿保机于是设立祭坛，正式即位为可汗。同年，阿保机应后梁朱温之约，率领部众三十万进犯云州（今山西大同）。晋王李克用主动与他和好，和他在东城会面，结为异姓兄弟，纵情饮酒，握手言欢，相约在当年的冬天共同讨伐后梁。当时有人劝李克用趁机擒杀阿保机，李克用认为时机不合适。后来，阿保机逗留了十来天才离去，双方互赠了许多礼品。阿保机此行

阿保机三十多岁的时候，被八部大人正式推举为契丹的可汗。

阿保机率领契丹军队四处征战，大大扩展了契丹的疆土。

探知了对方的实力，回去之后就背叛了盟约，和后梁交好。

阿保机倚仗着自己的强大，在三年任期满了之后不肯让出可汗之位，一共坚持为可汗九年。后梁乾化元年（公元911年），包括阿保机的弟弟和养子在内的契丹贵族发动叛乱，阿保机派人迅速将其平定，但对叛乱者从轻发落，希望借此招揽民心。后来，这些贵族又发动了两次叛乱。阿保机果断平叛，诛杀了叛乱首领。

后梁均王贞明元年（公元915年），阿保机攻打黄头室韦凯旋，其余七部趁他不备，胁迫他交出王位。阿保机见形势于己不利，只好把象征可汗之位的旗鼓传给下任，并说："我为可汗好几年，收服了很多汉人。我打算率领自己的部众在古汉城居住，与汉人一起守护，独自为一部。"其余七部应允。

古汉城土地非常适合五谷生长，又有储盐丰富的盐池，是个好地方。阿保机到达那里之后，便大力发展军事和生产，逐渐壮大起来。次年，阿保机在妻子述律平的建议下，邀请八部大人来盐池，趁机杀掉了这些反对自己的人。随后，阿保机发兵逐一消灭了其余七部，将契丹八部最终合而为一。之后，阿保机向北打败了室韦和女真，向西攻打突厥旧地和五奚，周边的少数民族部落都很敬畏并服从他。

同一年，阿保机大会群臣、属部，自称大圣大明天皇帝，建国号契丹，建元神册，立长子耶律倍为皇太子。随后，他又亲征突厥、吐谷浑、党项等部，转掠代北，掳获了许多人和牲畜。

阿保机建国之后，就开始创立国家的政治、经济、法律等各项制度，使得契丹的统治秩序逐渐完善起来。阿保机又非常注重借鉴汉文化，重用汉官，还仿照汉字发明了契丹文字。在位期间，阿保机还屡屡派兵四处征战，时不时南下侵扰后唐，大大拓展了契丹的疆土。

后唐同光四年（公元926年），阿保机灭掉渤海，回师途中病逝于扶余城。述律平护其丧归上京，立其次子德光为帝。

🍂 **道理解读** 🍂

乱世中取得成功，不仅需要勇力，更需要谋略。阿保机以勇武起家，在唐末五代变乱的时候，利用时机，逐渐壮大起来，消灭了异己势力，成就了帝业，不得不说他是一个谋略过人的人。

后唐纪

王彦章不事二主

后唐同光元年（公元923年），后唐进攻后梁不利，粮草损失众多，仓库里的积蓄也支持不了半年了，百姓又四处逃亡，形势十分危机。这时，北面的卢文进、王郁又屡次率契丹兵南侵，一直深入到瀛州、涿州以南；传闻等草枯冰冻之后，契丹还准备深入河北；近来又听说后梁军打算兵分几路，大举进攻。称帝不久的后唐庄宗李存勖因此忧心忡忡，于是召集众将领一起商议对策，但是大家的意见都不合庄宗的心意。

庄宗于是把郭崇韬召来询问他的意见，郭崇韬主张避实就虚，长驱直入汴梁，先擒获后梁的君主，由此可以掌握主动。庄宗觉得这个建议很好，决定尽快发兵。

不久，后梁北面招讨使王彦章率军渡过汶水，准备进攻郓州。唐将李嗣源派李从珂率领骑兵部队前去迎战，在递坊镇打败了梁军的前锋部队，俘虏了三百名将士，斩杀了二百人。王彦章退守中都（今山东汶上）。捷报上奏到朝城，庄宗大为高兴，对郭崇韬说："郓州首战告捷，足以增强我们的士气。"王彦章年轻时投在朱温部下，以骁勇闻名，常持铁枪冲锋陷阵，奋疾如飞，在军中号称王铁枪，非常为后梁君主所倚重，但是后梁均王夺得帝位后，疏远了他。后来，在后梁老臣的力荐之下，后梁皇帝重新起用王彦章为大将，让他担任北面招讨使，对付后唐的军队。在重掌兵权伊始，梁帝问王

王彦章遇到敌人时，往往持铁枪冲锋陷阵，奋勇杀敌。

彦章多长时间可以破敌，他当即回答"三天"，在场的大臣听到后无不哑然失笑。王彦章率兵用两天到达滑州，在第三天便奇袭击败了后唐军队，随后更是一度连战连捷。

十月初二，后唐庄宗亲率大军从杨刘渡河南下，以李嗣源为先锋。初四的早上，后唐军队遭遇梁军，一交手即将其打垮。后唐军队乘胜追击，一直追到中都，把中都城团团包围起来。没过多久，梁兵就突围出城。后唐军紧追不舍，又将梁军打败。王彦章带着几十名骑兵突围逃跑。后唐龙武大将军李绍奇单枪匹马追了上去，听出了王彦章的声音，说："这就是王铁枪！"拔矛将王彦章刺成重伤。王彦章坐骑被绊倒，军士上去把他俘获了。梁军被俘的还有都监张汉杰、曹州刺史李知节、裨将赵廷隐、刘嗣彬等二百余人，其余的士卒有好几千人都被杀死。

王彦章曾经对人说："李存勖是个斗鸡小儿，没有什么可怕的。"到现在，庄宗对王彦章说："你常说我是小儿，今天却被我俘获了，你服不服？"又问王彦章："你号称善战将领，为什么不坚守兖州？中都没有修筑防御工事，怎么能保得住？"王彦章回答说："天命已去，没有什么好说的。"庄宗很珍惜王彦章的才能，打算起用他，不仅赐给他治疗伤口的药，还多次派人去诱降他。王彦章说："我本是一个平民，承蒙梁国的厚爱，被

提拔成上将，与陛下您交战了十五年。今天力穷兵败，死是预料之中的事。纵使您可怜我而让我活着，我还有何面目去见天下的人呢？哪里有早晨还是梁国的将领，晚上就变成唐朝大臣的道理。这种事我是不会干的。"

随即，唐庄宗带着大队人马离开中都，杀向大梁（今河南开封），王彦章被抬着一同前往。途中，唐庄宗派宦官问王彦章："我们此行能攻克大梁吗？"王彦章回答说："梁国主将段凝有精兵六万，虽然他没有作战才能，但也未必肯投降倒戈，所以您要想拿下大梁还是有困难的。"唐庄宗知道王彦章对自己已经不会有多大用处，只好把他杀掉了。

唐庄宗珍惜王彦章的才能，亲自给他送来治伤的药，王彦章不领情。

🍂 道理解读 🍂

做人要坚守气节。愚忠未必可取，但是非常让人感动。欧阳修感慨地说："后梁不值得士人辅助，但既然做了人家的臣子，就必须为人家尽忠。像王彦章这样忠于后梁，就可以说死得其所啊！"

| 后唐纪 |
唐庄宗宠伶丧身

后唐庄宗年幼时就擅长音乐，历经百战，打败了敌人，称帝后，很多伶人都受到他的极度宠爱，经常在他身边侍候。庄宗有时候兴趣上来了，也会亲自粉墨登场，和众位伶人一起登台演戏，以讨得爱妾刘夫人的欢心。庄宗在戏台上自称艺名是"李天下"。有一次，庄宗在登台演习时连着两句自称"李天下，李天下"，伶人敬新磨上去就打了他两个耳光。

庄宗当时脸色马上就变了，其他的侍从和艺人也都非常惊慌。这时，敬新磨慢条斯理地说："理天下的只有一个人，

而你却叫了两声，还有谁敢这样称呼？"庄宗一听，不但没有生气，还顿时十分开心，赏赐给敬新磨很多东西。

庄宗在中牟县打猎，踏坏了百姓的庄稼，中牟县令上前劝谏，说："陛下是百姓的父母，为什么要践踏庄稼，导致他们流离失所，死无葬身之地呢？"敬新磨上去把他捉住，当面斥责他妨碍庄宗打猎，要求庄宗定他的死罪。庄宗看了，觉得可笑，当即释放了中牟县令。

这之后，伶人自由出入宫中，肆意侮辱官吏，弄得朝廷群臣都很气愤，但没有一个敢出声。很多人和地方藩镇为了从皇帝那里得到好处，反而争着拿财物来巴结伶人。伶人中以景进做恶事最多，他喜欢收集一些民间的琐碎事情来告诉庄宗，庄宗便把他作为耳目，

唐庄宗被敬新磨打了两个耳光，非但不生气，还很开心。

让他刺探外面的情况。每次景进进宫奏事，别人都得回避。于是，景进就有机会单独向皇帝说别人的坏话，开始干预政务。朝廷的群臣都很惧怕他，全国财政副主管奸臣孔谦则主动和他套近乎。后来，景进帮助孔谦当上了主管全国财务的租庸使。孔谦为满足庄宗的欲望，借机横征暴敛，弄得民不聊生，朝廷于是逐渐失去了民望。

每每庄宗以前的对头或者和庄宗有嫌隙的人进朝，他们为了让庄宗宽恕自己，便大肆向伶人行贿，伶人都替他们说好话，庄宗也往往赦免了这些人。李继韬曾经造反与后唐为敌，庄宗消灭了后梁后，他自以为时日不多，但是他到了京城后，大肆贿赂庄宗身边的伶人和宦官，这些人于是都帮着他说好话，唐庄宗一度赦免了他。后梁渤海王高季兴投降后唐后，庄宗身边的伶人偕同宦官一再向他索要财物，弄得他十分恼火。于是，高季兴借机返回故地，积蓄粮食，招纳后梁失散的士兵，为即将爆发的战争做好准备。功勋大臣们害怕伶人们进谗诽谤，都很不安，有的大将甚至请求解除兵权。

当初，在胡柳战役中，伶人周匝被后梁的军队俘获，庄宗很是思念他。后来，后梁被灭，周匝赶来拜见庄宗，庄宗很高兴。周匝哭着说："臣能活下来，全仰仗梁朝陈俊和储德源的帮助，请陛下把两个

唐庄宗宠信伶人和宦官，旧部将见此情景，都纷纷离他而去。

州封给他们，以报答他们的恩情。"庄宗当即答应了他们。当时，亲军中有跟随庄宗身经百战而没有封得刺史的人，无不愤慨叹气，离异之心愈发强烈。而因为宠信伶人和宦官，庄宗逐渐疏远了旧将领。

后来，庄宗又派伶人景进等抢民女入宫，其间甚至抢了魏州驻守将士们的妻女一千多人。

后唐明宗天成元年（公元926年），庄宗听信伶人景进等的谗言，冤杀了大臣郭崇韬和朱友谦，大将李嗣源也险遭杀害。是年三月，李嗣源在将士们的拥戴下，发动兵变，率军一路势如破竹，进入汴京。庄宗慌忙逼洛阳的将士开赴汴水，路上士兵就逃走了一半。四月，李嗣源先锋石敬瑭带兵逼近汜水关，庄宗准备自己率军扼守。一天，庄宗正用早餐时，被提升为从马直指挥使的伶人郭从谦趁机发动兵变，在混乱中射死了他。随后，李嗣源攻入洛阳，即皇帝位。

✎ 道理解读 ✎

忧劳可以兴国，逸豫可以亡身。当初，庄宗能够亲自率领军队，击败了所有的敌人，成就了自己的帝业。但是，称帝后，庄宗没有兢兢业业地治理国事，一味享乐，盲目宠信伶人，最后人心离异，自己也落得个身死他手的下场。

后唐纪

钱镠经营吴越

后梁贞明五年（公元919年）秋季，吴越王钱镠派遣军队进攻吴国的常州，大败，何逢等将领被杀。后来，钱镠看到何逢的战马回来了，悲伤不已。将士们觉得钱镠对待部下很好，都衷心拥戴他。

钱镠的宠妾郑氏的父亲触犯了法令应当被处死，身边的大臣都为他求情。钱镠严词拒绝了，说："怎么能够因为一个妇人而乱了国法！"于是，钱镠把郑氏逐出宫去，然后把其父亲处斩。

钱镠出身贫穷，因参与镇压黄巢起义有功，被封为节度使。后来，钱镠接受父亲的教诲，在列强环伺的战乱时期，小心地经营自己的地盘，从来不敢大意。钱镠从小就在军旅中生活，夜里睡觉都很小心，困极了的时候，经常枕在一个圆木做成的枕头上，或者枕在一个大铃上休息，睡熟后小木枕或大铃一滚动，他就会醒过来。他把这种枕头叫做"警枕"。钱镠还在卧房里面放置了一个粉盘，有什么事情要记下来的话，就写在盘子里面，这样一直到老，从未倦怠。有时候睡得正熟，外面有人报告事情，钱镠事先命侍女轻轻抖动纸张，自己马上

钱镠一直非常谨慎小心，年轻时常常和衣而卧，躺在警枕上睡觉。

就能醒来。有时候，钱镠嫌打更的不能恪守职责，便把铜丸弹到墙外面，提醒打更的要提高警觉。唐天复二年（公元902年），钱镠被封为越王。后梁开平元年（公元907年），钱镠主动进贡，被封为吴越王，后又被加封为吴越国王。

有一次，钱镠微服外出，半夜回来时，从北城门路过。守门的官吏不肯开门，并说："就是大王来了，也不能开门。"钱镠没有办法，只好从别的城门进城。第二天，钱镠把那个官吏召来，重赏了他。

后唐建立后，钱镠仍表示臣服中央政权，派人向后唐进献丰厚的贡礼，并请求玉册册封。这是不合礼制的僭越之请，但后唐庄宗爱惜他的忠义，还是特别通融了主管官员，满足了他的要求。后来，后唐皇帝因故下令钱镠退休。长兴二年（公元931年），明宗重新任命钱镠为天下兵马都元帅、尚父、吴越国王，并一再致歉，说以前让钱镠退休，是奸臣矫诏所为。

长兴三年，年已八十的钱镠一病不起，对属下的将领官吏说："我这一病估计好不了了，儿子们又愚笨懦弱，有哪个可以继承我担任主帅呢？"属下都哭着说愿意拥戴钱镠属意已久的钱传瓘。于是，钱镠把自己的印信都交给钱传瓘，说："将领官吏都拥戴你，你可要好好守住这份家业。以后子子孙孙都要好好地侍奉中

原的中央政权，不要因为改朝换代而疏忽了礼节。"不久，钱镠死去。

晚唐以来，战乱四起，钱镠采取"保境安民"的政策，对中原朝廷纳贡称臣，以此牵制强邻；又重视农业，抓水利建设，疏浚西湖，建立海塘，使得这一地区经济发展很快，民生殷实富足。

钱镠之后，吴越国的君主都能够兢兢业业地治理吴越，以藩王的礼节侍奉中原的中央政权，所以统治十分稳定，吴越地方的百姓们也都丰衣足食。直到北宋太宗太平兴国三年（公元978年），吴越国才最终主动合为宋的属地。而这时，吴越国已经延续了七十多年，这时当年一起成立的其他小国早就灭亡多年了。

钱镠临死前，小心地安排好了后事，他的属下都表示遵循他的遗志。

石敬瑭甘当儿皇帝

在后唐明宗夺取帝位的过程中，李从珂和石敬瑭作为亲属和得力大将都立下了大功。唐明宗死后，闵帝继位，对手握重兵的李从珂和石敬瑭都很忌惮，李从珂便发动兵变，夺得帝位，杀死了闵帝。石敬瑭和末帝李从珂也历来不和，但李从珂一时拿他也没有办法。末帝继位之初，石敬瑭不得已入京朝见。末帝觉得当时还不应该羁留石敬瑭，就把他放了回去。

当初，石敬瑭想试探一下后唐末帝的真实意图，多次上奏表陈说自己体弱多病，请求解除兵权，调到别的镇所去。末帝和执政大臣们商议后决定答应他的请求，把他调到郓州。李崧、吕琦等人却

石敬瑭不知廉耻，甘心拜比自己年龄小的耶律德光为父，做起了儿皇帝。

极力劝阻这样做，认为不可行，为此末帝犹豫了很长时间。

后晋高祖天福元年（公元936年）五月，后唐末帝任命石敬瑭为天平节度使，催促他速赴郓州。石敬瑭很是疑惧，便和他的将佐计议。都押牙刘知远和掌书记洛阳人桑维翰都劝说他做好起事的准备。桑维翰还说，契丹就在不远的云州与应州，如果能诚心诚意地委身于他们，一旦有变，就可以请他们做救兵，大事一定能成功。石敬瑭听了，随即坚定了自己造反的决心。

随后，石敬瑭在给末帝的上表中竟然说："皇帝是养子，不应该继承帝位，请传位给许王。"末帝当时气得亲手把石敬瑭的奏表撕掉扔在地上，下诏剥夺石敬瑭的官职和爵位。之后，部署众将，准备讨伐石敬瑭。

七月，石敬瑭急忙求助于契丹，向契丹称臣，并请以父礼事耶律德光，约定事成之后，割让卢龙一道及雁门关以北各州给契丹。刘知远不太赞成这样做，认为："称臣就可以，认作父亲太过分了。送他一笔金帛，就足以借兵，不必割让土地。否则，恐怕日后会给中原一带带来灾难，到时后悔也来不及了！"石敬瑭不听。九月，耶律德光统率五万骑兵，打败了晋阳城外的唐军。石敬瑭出城拜见契丹皇帝耶

石敬瑭借助契丹的军队，把唐末帝的军队打得大败。

律德光。耶律德光紧握石敬瑭的手，只恨相见太晚。

之后，耶律德光对石敬瑭说："我看你气度非凡，要扶你做中原天子。"石敬瑭开始时谦让了多次，将吏又纷纷劝进，于是就答应了下来。耶律德光便亲自做册命文书，命石敬瑭为大晋皇帝，授予他契丹衣冠。

石敬瑭正式即皇帝位后，割让幽云十六州给契丹，还答应每年输送三十万匹帛给他们。后来，只要契丹有什么让石敬瑭感到不安的举动，石敬瑭都让桑维翰做说客劝解。耶律德光很欣赏桑维翰，便建议石敬瑭任他做宰相，石敬瑭马上就做了。随后，石敬瑭依靠契丹的支持，带

兵南下攻打洛阳。末帝连战连败，意志消沉，成天边喝酒边哭泣，等待灭亡。部下也都开始离心，纷纷投靠石敬瑭。闰十一月二十六日，石敬瑭还没进洛阳，末帝便和曹太后、刘皇后、雍王等人携带传国玉玺登上玄武楼自焚而死。

石敬瑭对契丹国主耶律德光感恩戴德，向契丹上奏章，把契丹国主称作"父皇帝"，自己称"儿皇帝"。除了每年进贡三十万匹帛外，逢年过节，还派使者向契丹上下送礼。契丹人一不满意，就派人责备石敬瑭。石敬瑭总是恭恭敬敬，赔礼请罪。晋朝使者到契丹，总是被契丹百般侮辱。使者受气回来后发牢骚，朝廷内外知道后都觉得丢脸，只有石敬瑭毫不在乎。

石敬瑭靠契丹的保护，做了七年儿皇帝。死后，侄儿石重贵即位，向契丹国主上奏章的时候，自称孙儿，不称臣。耶律德光就认为对他不敬，带兵灭了后晋。

道理解读

做事情不能不则手段，要遵守一定的原则或者道德底线。石敬瑭借兵攻打李从珂无可厚非，但是他割让国家领土就是卖国贼，再称呼他人为父、做儿皇帝更是彻底丧失了做人的尊严。即便这样，他的国运也没能长久。自重者人重啊！

后汉纪

刘知远坐山观虎斗

后唐清泰三年（公元936年），亦即后晋天福元年，刘知远作为石敬瑭的得力助手，为其出谋划策，助其在开封顺利称帝，建立了后晋。从此，刘知远以其军政才能和佐命功，为石敬瑭所倚重，历任检校司空、侍卫马步都指挥使、点检随驾六军诸卫事、许州节度使、朱州节度使、检校太傅、北京（今山西太原）留守、河东节度使等职，日趋显贵。石敬瑭当了七年儿皇帝后，于后晋天福七年（公元942年）死去。后晋出帝继位后，与河东节度使、中书令、北平王刘知远互相猜忌，虽然任命刘知远为北面行营都统，其实只是给一个虚名，各路军队的行动，实际上一点都不让刘知远干预过问。刘知远因而大量招募士兵，使河东有步兵、骑兵多达五万人，为各藩镇之最强。

后晋出帝和契丹结怨以后，刘知远虽

估计他凶多吉少，却从来不加以劝谏。契丹屡次纵兵深入，刘知远也丝毫没有阻拦或派兵支援的意思。开运四年（公元947年），契丹攻占了大梁，刘知远就分派军队守护四方边境，防备契丹突然袭击，然后派部将王峻带三封奏表，前去拜见耶律德光。

第一封奏表，祝贺耶律德光进入汴州；第二封奏表，说自己因为管辖的太原是各族混居的地方，而且又有戍边军队屯驻，所以不敢离开辖区；第三封奏表，说自己本应进贡却还没有进贡的原因，是因为契丹将领刘九一的军队正好驻扎在南川，太原城中的百姓担惊受怕，等到这批军队被调回去，道路通畅无阻之后，就可以进贡了。耶律德光看后大悦，便颁赐诏书对其进行褒奖。在大臣

刘知远站在城头上静观契丹和后晋的动静，心中早就有了盘算。

们将诏书拟好后，耶律德光亲自在刘知远的姓名之上加了一个"儿"字。耶律德光还赐给刘知远木拐。按照契丹人的礼仪，皇帝对大臣表示优厚的礼遇的时候才赐木拐，而以前只有契丹君主的叔父曾经得到过这样的礼遇。

刘知远投桃报李，派遣北都副留守白文珂献上珍奇的丝织品和名贵的千里马，自己却并不前去拜见。耶律德光看出刘知远还在观望，就让白文珂转告刘知远说："你既不事奉南朝，又不事奉北朝，打算等到什么时候自立呢？"

刘知远的部将蕃汉孔目官郭威对刘知远说："契丹其实十分痛恨我们！"王峻非常有见识，他对刘知远说："契丹人贪婪残暴，失掉了人心，一定不能长久占据中原。"有人劝说刘知远起兵扩大地盘。刘知远说："用兵有缓有急，应当根据形势采取适当的策略。现在契丹刚刚收降了后晋的十万兵马，像老虎一样占据着都城，形势没有发生其他的变化，怎么能够轻举妄动呢！等他们不得不回去的时候，我们再去占领各地，那样才能确保万无一失。"

后来，刘知远听说后晋出帝被契丹胁迫，要到北方去，就扬言要从井陉出兵，将出帝迎归晋阳。当刘知远在广场集合军队，宣布出兵日期的时候，军士们都说："如今契丹攻陷都城，俘虏了皇帝，天下

将士们都冲着刘知远高呼万岁，刘知远觉得时机还不太成熟，没有答应做皇帝。

没有君主。能做天下君主的，除了我们的大王还有谁呢？大王应该先即帝位，然后出兵。"于是大家不停地争着高呼万岁。刘知远说："契丹的势力还很强大，我军的声威也还没有得到传播，应当先建功立业。你们这些当兵的懂什么！"

之后，仍不断有部下规劝，刘知远犹豫不决。最后，郭威与都押牙杨邠进见刘知远，并劝他说："现在人心不论远近，都不谋而合，希望您称帝，这是天意啊。您不趁这个机会取得天下，如果再谦让推辞，恐怕将来人心转移，反而会惹来祸患。"刘知远终于下定了决心。

后汉天福十二年（公元947年）二月十五日，刘知远正式即皇帝位。

道理解读

遇大事要能够沉得住气，做到相机而动，一举成功。刘知远对形势的分析和把握很得当，表面上对契丹委曲求全，然而并非真怕契丹（以前屡次击败契丹），因此能够避其锋芒，巧妙利用当下的时局，在"不情愿"的情况下顺利称帝。

后周纪

柴荣高平退汉

后周显德元年（公元954年）正月，后周太祖郭威病逝，世宗郭荣（即柴荣）继承皇位。北汉刘崇欺负世宗年轻新立，打算大举入侵，便派遣使者到契丹请求援兵。二月，契丹派遣杨衮率领骑兵一万多人到达晋阳。刘崇亲自率领士兵三万人，与契丹兵一起南下直奔潞州。十八日晚，驻扎在高平城南。

柴荣听说北汉军队入侵，便不顾大臣们的反对，亲自率领军队抵抗。十九日，后周前锋部队遇到了北汉军队，主动发起攻击，北汉军队后退。柴荣担心敌军逃跑，便催促各路军队急速前进。

刘崇率领中军在巴公原摆平阵势，猛将张元徽在他东边布阵，杨衮在他西边布阵，军容十分严整。后周方面，柴荣则骑着披甲的战马，亲临前线督战。

杨衮驱马向前，去观察北周军队，回来以后对刘崇说："真是劲敌啊，不可轻易冒进！"刘崇扬起长须说："机不可失，请你不要再说，试看我指挥战斗！"

杨衮无话，心里不高兴。这时东北风刮得正猛，过了一会儿，忽然又转成南风。北汉枢密副使王延嗣派人禀报说："现在可以开战了。"刘崇听从了他们的建议。枢密直学士王得中上前牵

大臣们听说周世宗要御驾亲征，纷纷劝阻，周世宗不听。

住他的马，劝谏说："风刮成这样，这不利于我军进攻啊！"刘崇说："我的主意已定，老书生不要胡说，再说杀你的头！"于是命令张元徽率领的东面军队首先推进，攻击周军右翼。

交战不久，后周右军将领带着骑兵首先逃跑，右翼军队溃败。柴荣看到形势危急，自己便带着贴身亲兵冒着弓箭石块督战。赵匡胤当时担任后周负责警卫的将领，对同伴说："主上危险到了这个地步，我们怎么能不拼命死战？"又对张永德说："敌人骄傲轻敌，尽力作战就可以打败！您手下有许多能左手射箭的士兵，请您带领他们登上高处，作为左翼，我领兵作为右翼攻击敌军。国家的安危，就在此一举了。"张永德听从了这个建议，与他各自率领两千人突前战斗。赵匡胤身先士卒，快马冲向北汉前锋，士兵拼死战斗，无不以一当百，北汉士兵败退。

刘崇得知柴荣亲临战阵，便催促张元徽乘胜进兵。张元徽前往攻击时，坐骑摔倒，自己被后周士兵所杀，北汉军队因此士气大伤。这时，南风越刮越大，后周士兵奋勇争先，北汉军队大败。刘崇亲自高举红旗来约束军队，还是不能制止士兵溃乱。杨衮不敢救援，率领契丹军全军撤退。刘崇凭借山涧的阻隔，率余部一万多人布阵迎敌，又被击

败。后周军一直追杀北汉军到高平，北汉将士倒毙的尸体布满山谷，丢弃的皇帝专用物品以及辎重、武器、牲畜不计其数。

刘崇在高平骑着契丹所赠的黄骝宝马，带领一百多骑兵从雕窠岭仓皇回逃。因为天黑，迷了路，日夜兼程向北奔逃，途中还被向导指错了方向。北汉军到了一个地方，刚弄好吃的，还没等举筷子，有人说后周军队来了，就都马上仓皇而逃，什么都顾不上了。刘崇年老体衰，在马上不分日夜地狂奔，都快支撑不住了，最后勉强得以逃回晋阳。

周世宗不顾危险，亲自率领士兵向前冲杀。

后周纪
周世宗灭佛

柴荣是周太祖郭威的外甥兼养子。周太祖见柴荣为人贤良，便封他为晋王，镇守邺都（今河北大名东北）。柴荣勤政爱民，深受当地的老百姓拥戴。周太祖看中柴荣的才能，便在临终前下诏柴荣继位。公元954年，柴荣登上皇位，即周世宗。

周世宗继位之初，就击败了北汉和契丹，一时威望大增，逐渐有了统一天下的雄心，决心将国家的疆土恢复到盛唐时期

周世宗下令拆除了一些寺庙，强迫僧众还俗，把铜佛像拿走铸钱。

的大小，于是励精图治，政事不论大小，都亲自决定，朝中的大臣只是从他那里接受现成的命令去执行而已，丝毫不敢多嘴。

河南府推官高锡上书劝谏说："四海之内，事务繁杂，即便是尧舜都需要贤臣的帮助才能治理。现在陛下凡事都全部自己亲自处理，这说明陛下器量不够宽广，对臣下不够信任。陛下应该选用知人善任、公正无私、爱护百姓的人去做事，自己只需要垂拱而治就可以了。陛下现在这么做，实际上就是丢失了为政的基本原则。"周世宗不听，一切依旧。

后周世宗显德二年（公元955年），周世宗见天下的佛寺广占田地，吞没人丁，却从来不为国家提供任何赋税，非常不利于国家强大，就下达了敕令：天下寺院，没在朝廷敕赐寺额之内的，全部废除；禁止私下剃度和尚和尼姑，凡是想出家的人一定要得到祖父母、父母、叔伯的同意；只有东京、西京、大名府、京兆府、青州等地可以有权力自己设置传戒的戒坛；禁止和尚舍身、断手足、炼指等惑乱社会风俗的习俗；命令东京、西京和各州每年编制和尚的名册，如果有死亡、还俗的，都要随时注销。当年，天下寺院保留下来的共两千六百九十四所，被废除的有三万零三百三十六所；保留下

来的和尚有四万两千四百四十四名，尼姑一万八千七百五十六名。

同年九月，周世宗因为官府很久没有铸造铜钱，而民间又经常销毁很多铜钱来制造日常用具和佛像，铜钱更加稀少，不利于经济流通，便下令设立相关机构，采铜铸钱。除了官府的仪仗用具、军队的兵器、寺庙的钟磬钹铎等法器外，其余的民间铜制用具、铜佛像都要在五十天之内上交给官府，官府给予适当的补偿。如果过期隐瞒不上交，够五斤铜以上的就判处死刑，不到五斤的判处不等的刑罚。周世宗对身边的大臣说："爱卿们不要因为毁坏了佛像而产生疑虑。佛用善道来教导感化人，那么任何人只要立志做好事，就等同于信佛了。而且我听说过，佛总是使别人得到好处，即便是自己的头和眼睛，也可以施舍给别人。那些铜像就是佛啊！如果朕的身体可以救济百姓，朕也是不会顾惜的。"

镇州的大悲铜佛体积巨大，在当时据说极为灵验，无人敢前去惊扰，更不可拿来铸钱。周世宗听说后，即亲自前往，说有报应就冲着自己一个人来，当即持斧砍破佛身，在场观看的人都心惊肉跳，慌张不已。

周世宗不顾身边人的反对，亲自持斧砍了镇州大悲佛。

同年秋天，周世宗在和将军、宰相在万岁殿就餐时，对到场的人说："这两天天气极其寒冷，朕在宫中吃着美味佳肴，对自己无功劳于百姓却坐享上天赐予的禄位而深感惭愧。既然不能自己亲自耕地来养活自己，在座的诸位就应该亲自冒着飞箭流石的危险为民除害，这样我们才能勉强心安啊！"

🌸 道理解读 🌸

治理天下，为民请命，自当兴利除弊，一往无前。司马光很尊崇地评论说：像周世宗这样，不吝惜自己的身体而爱护百姓，可谓仁义；像周世宗这样，不因无益的东西来废弃有益的东西，可谓英明。

图书在版编目（CIP）数据

资治通鉴中的大道理／龚勋主编. 一汕头：汕头
大学出版社，2012.1（2021.6重印）
ISBN 978-7-5658-0553-0

Ⅰ．①资… Ⅱ．①龚… Ⅲ．①中国历史：古代史－编
年体－青年读物②中国历史：古代史－编年体－少年读物
Ⅳ．①K204.3-49

中国版本图书馆CIP数据核字（2012）第008778号

资治通鉴中的大道理

ZIZHITONGJIAN ZHONG DE DA DAOLI

总 策 划	邢 涛	**印 刷**	唐山楠萍印务有限公司
主 编	龚 勋	**开 本**	705mm×960mm 1/16
责任编辑	胡开祥	**印 张**	10
责任技编	黄东生	**字 数**	150千字
出版发行	汕头大学出版社	**版 次**	2012年1月第1版
	广东省汕头市大学路243号	**印 次**	2021年6月第8次印刷
	汕头大学校园内	**定 价**	34.00元
邮政编码	515063	**书 号**	ISBN 978-7-5658-0553-0
电 话	0754-82904613		